EERSTE EDITIE - Gepubliceerd in 2022

Extra grafisch materiaal van: www.freepik.com
Dank aan: Alekksall, Starline, Pch.vector, Rawpixel.com, Vectorpocket, Dgim-studio, Upklyak, Macrovector, Stockgiu, Pikisuperstar & Freepik.com Designers

Ontdek gratis online spelletjes

Hier verkrijgbaar:

**BestActivityBooks.com/FREEGAMES**

# 5 TIPS OM TE BEGINNEN!

## 1) HOE OP TE LOSSEN

De Puzzels zijn in een Klassiek Formaat:

- Woorden worden verborgen zonder pauzes (geen spaties, streepjes, ...)
- Oriëntatie: Voorwaarts & Achterwaarts, Boven & Beneden of in Diagonaal (kan in beide richtingen)
- Woorden kunnen elkaar overlappen of kruisen

## 2) ACTIEF LEREN

Naast elk woord is een spatie voorzien om de vertaling te noteren. Om actief te leren vindt u een **WOORDENBOEK** aan het einde van deze editie om uw kennis te controleren en uit te breiden. U kunt elke vertaling opzoeken en opschrijven, de woorden in de puzzel vinden en ze vervolgens aan uw woordenschat toevoegen!

## 3) TAG JE WOORDEN

Hebt u al geprobeerd een labelsysteem te gebruiken? U zou bijvoorbeeld de woorden die moeilijk te vinden waren kunnen markeren met een kruis, de woorden die u leuk vond met een ster, nieuwe woorden met een driehoek, zeldzame woorden met een ruit enzovoort...

## 4) ORGANISEER UW LEREN

Wij bieden ook een handig **NOTITIEBOEKJE** aan het eind van deze uitgave. Of u nu op vakantie, op reis of thuis bent, u kunt uw nieuwe kennis gemakkelijk ordenen zonder dat u een tweede notitieboek nodig hebt!

## 5) AFGESLOTEN?

Ga naar de bonussectie: **FINAAL UITDAGING** om een gratis spel te vinden dat aan het einde van deze editie wordt aangeboden!

Wil je meer leuke en leerzame activiteiten? Het is Snel en Eenvoudig! Een hele collectie spelboeken slechts **één klik verwijderd!**

Vind uw volgende uitdaging bij:

BestActivityBooks.com/MijnVolgendeBoek

# Klaar... Start!

Wist u dat er zo'n 7000 verschillende talen in de wereld zijn? Woorden zijn kostbaar.

We houden van talen en hebben hard gewerkt om de boeken van de hoogste kwaliteit voor u te maken. Onze ingrediënten?

Een selectie van onmisbare leerthema's, drie grote plakken plezier, dan voegen we er een lepel moeilijke woorden en een snuifje zeldzame woorden aan toe. We serveren ze met zorg en een maximum aan verrukking, zodat je de beste woordspelletjes kunt oplossen en veel plezier beleeft aan het leren!

-------

Uw feedback is essentieel. U kunt een actieve bijdrage leveren aan het succes van dit boek door een recensie achter te laten. Vertel ons wat u het meest beviel in deze editie!

Hier is een korte link die u naar uw bestelpagina brengt:

## BestBooksActivity.com/Recensies50

Bedankt voor uw hulp en veel plezier met het spel!

## Linguas Classics

# 1 - Metingen

```
Д Д Д О Г Х К Г Я С Б О К Ю
Ь Е О Г М Л В М Н И А Щ І Ю
Е С В Д Ш Ж И И Ж Я Й Є Л Є
С Я Ж Ґ И Є В Б Л Д Т А О П
А Т И Г Р Т Е М И И В Р М У
Н К Н Л И В П Щ Ю Н Н Ю Е Н
Т О А Т Н І П Н С Ф А А Т Ц
И В Д Ч А Ь Х Ц А М Х С Р І
М И Є А Н Ц Ь Є Ф О Д А Д Я
Е Й Є Ж Н А П Б Ч П У М Ю Ф
Т К І Л О Г Р А М А Р Г Й Є
Р С Ц Н Т А Д Ґ Б Х Ш Т М Я
Я Я Ю Л П В И С О Т А Ь І В
О А Є Ь К С Ж Ю Є Х Ж Ф О Л
```

| | |
|---|---|
| ШИРИНА | КІЛОМЕТР |
| БАЙТ | ДОВЖИНА |
| САНТИМЕТР | ЛІТР |
| ДЕСЯТКОВИЙ | МАСА |
| ГЛИБИНА | МЕТР |
| ВАГА | ХВИЛИНА |
| ГРАМ | УНЦІЯ |
| ВИСОТА | ПІНТА |
| ДЮЙМ | ТОННА |
| КІЛОГРАМ | ОБСЯГ |

# 2 - Keuken

| Г | Щ | С | Х | Ч | С | А | Є | П | В | М | П | П | Е |
|---|---|---|---|---|---|---|---|---|---|---|---|---|---|
| Я | Ц | Е | Ю | О | А | К | Б | У | Г | Ч | І | А | К |
| М | С | Р | Ь | В | Л | Й | И | К | Ш | А | Ч | Л | К |
| Ч | У | В | М | Ч | О | О | Н | К | Ч | Ш | Л | И | Е |
| А | О | Е | Г | Л | Е | К | Д | И | Ю | А | О | Ч | В |
| Ь | Ґ | Т | Г | Р | И | Л | Ь | И | К | О | Ж | К | А |
| Г | Н | К | И | Ч | Е | Л | Г | К | Л | Т | К | А | И |
| Р | Ю | А | Ж | Ї | Я | Ґ | Ь | Л | Ш | Ь | И | М | Я |
| Ф | А | Р | Т | У | Х | Н | Ь | И | Е | Ґ | Н | И | Щ |
| Ґ | Ч | Ю | Б | І | А | О | О | В | Е | Є | Ш | И | О |
| Є | І | Б | В | Щ | Ц | Л | Ч | Ж | Є | Д | Є | Л | К |
| Р | Е | Ц | Е | П | Т | Х | Я | О | І | П | В | Є | С |
| В | Ґ | А | Ш | Ф | Х | П | П | С | П | Е | Ц | І | Ї |
| М | О | Р | О | З | И | Л | Ь | Н | И | К | Б | Д | Ч |

ЧАШКИ
ПАЛИЧКАМИ
ГРИЛЬ
ЧАЙНИК
ХОЛОДИЛЬНИК
ЧАША
ГЛЕЧИК
ЛОЖКИ
НОЖІ
ПІЧ

ГЛЕК
РЕЦЕПТ
ФАРТУХ
СЕРВЕТКА
СПЕЦІЇ
ГУБКА
ЇЖА
ВИЛКИ
МОРОЗИЛЬНИК

# 3 - Boten

```
О Л Е Щ К Щ Х Ч Я У Д М Н Е
П З А М Ф О Н Ф И М В Н С К
К Л Е Ц Г Г Х Ц Ш Б И Ш М І
М П І Р Я Л Я М Щ Т Г Х О П
Х О Ґ Т О А Е У У Й У Б Р А
Г Ю М О Р С Ь К І К Н В Е Ж
Ш Е Ю Ц І Й И К Ь С Р О М Я
Ч Л Д Ш У А Р А К Ч І Р О Т
Л Ю Е Т Л Ь Г Н А Е К О И Е
Я К І Р Я Щ М О Р О П Я Щ П
Х О А И Х Я Ш Е И Х Д К А Щ
Ч Д М Д Т Х В И Л І К Т Щ К
И Ь М Н А М Я О Щ Л А Н Ц Т
М О Т У З К А Ю Г Б Л Ш Ґ О
```

| | |
|---|---|
| ЯКІР | ОЗЕРО |
| ЕКІПАЖ | ДВИГУН |
| БУЙ | МОРСЬКІ |
| ДОК | ОКЕАН |
| ХВИЛІ | РІЧКА |
| ЯХТА | МОТУЗКА |
| КАЯК | ПОРОМ |
| КАНОЕ | ПЛІТ |
| МОРСЬКИЙ | МОРЕ |
| ЩОГЛА | |

# 4 - Chocolade

```
А С А С О Л О Д К И Й Ч Л Я
Р М Р У Р І Ш Е Ж Ч А Н І К
О А А І Л Ц М В Ю Д Т Ґ Н І
М Ч Х Щ Є Ю Р Е Ц Е П Т Г С
А Н І Х Я Щ Б Ж Ж О К Р Т
Т И С Б Д О Я Л М С І О Е Ь
П Й Г І Р К И Й Е О Н К Д Л
Н О К А Л О Р І Й Н Ч О І Е
Ж Л Р С К Я О Щ К І И С Є М
Е І Е О Ч Ц К А М С Т Й Н А
Є Ю В Ґ Ш Г У Т О Ю О Н Т Р
К А К А О О Ц Б Ь Ч З У Е А
Ф Ж Я У Е Ю К Р Ж Ж К Д У К
Х Щ Б Ц У К Е Р К И Е Д О Х
```

| | |
|---|---|
| ГІРКИЙ | ЯКІСТЬ |
| КАКАО | АРАХІС |
| КАЛОРІЙ | ПОРОШОК |
| ЕКЗОТИЧНІ | РЕЦЕПТ |
| УЛЮБЛЕНИЙ | АРОМАТ |
| СМАЧНИЙ | СМАК |
| ІНГРЕДІЄНТ | ЦУКЕРКИ |
| КАРАМЕЛЬ | ЦУКОР |
| КОКОС | СОЛОДКИЙ |

# 5 - Gezondheid en Welzijn #2

```
Д  А  Б  О  Р  О  В  Х  Е  К  Х  К  Т  Щ
І  Д  Л  А  Т  Ґ  Я  А  Н  Ь  А  А  Р  Ц
Є  Я  Л  Е  У  І  Е  Л  Е  Ж  Р  Н  А  К
Т  Н  Ш  З  Р  Р  І  І  Р  Р  Ч  А  В  А
А  Н  В  Д  Р  Г  Н  Д  Г  П  У  Т  Л  Л
К  Е  А  О  Ж  Я  І  Є  І  Ш  В  О  Е  О
И  Л  Г  Р  А  Ь  М  Я  Я  Л  А  М  Н  Р
Т  В  А  О  С  Щ  Х  І  Є  І  Н  І  Н  І
Е  О  Щ  В  А  Т  Г  Ц  Є  К  Н  Я  Я  Я
Н  Н  Ж  И  М  О  Р  К  П  А  Я  Т  С  Ґ
Е  Д  Я  Й  Ґ  Є  И  Е  Ю  Р  Ґ  І  І  Н
Г  І  Г  І  Є  Н  А  Ф  С  Н  Є  Л  Б  Х
Р  В  С  Ч  Ч  Ю  Ґ  Н  Я  Я  В  О  Р  К
Ь  І  П  М  Ч  И  Н  І  М  А  Т  І  В  К
```

| | |
|---|---|
| АЛЕРГІЯ | ГІГІЄНА |
| АНАТОМІЯ | ІНФЕКЦІЯ |
| КРОВ | ТІЛО |
| КАЛОРІЯ | МАСАЖ |
| ДІЄТА | ТРАВЛЕННЯ |
| ЕНЕРГІЯ | СТРЕС |
| ГЕНЕТИКА | ВІТАМІН |
| ВАГА | ХАРЧУВАННЯ |
| ЗДОРОВИЙ | ЛІКАРНЯ |
| ВІДНОВЛЕННЯ | ХВОРОБА |

# 6 - Tijd

```
Р Й Х В М В А Д Е Н Ь Е В А
Б І А Ч І Н Д О Г О Ь С Ю Ш
Ґ Н К О С Х І М С Х Щ В А Г
Х Н Д Р Я О Я Ч У П Ь Ф Ц Т
Д А Г А Ц П О Л У Д Е Н Ь Т
Т Р Е Н Ь С Г О Д И Н Н И К
С Д Е С Я Т И Л І Т Т Я З П
И Т К А Л Е Н Д А Р Ц Ь А І
Ж И О Щ О Р І Ч Н И Й Ґ Р С
А Н И Л И В Х Ю Ь Я О У А Л
У Ч Є Б І Г О Д И Н А Ь З Я
Б І Х Т Б Т Ю Щ А Р А Н О К
У І С Ю Є Н Т У Б Й А М Т Ю
Т И Ж Д Е Н Ь Я О І І О П Ь
```

ДЕНЬ
ДЕСЯТИЛІТТЯ
СТОЛІТТЯ
ВЧОРА
РІК
ЩОРІЧНИЙ
КАЛЕНДАР
ГОДИННИК
МІСЯЦЬ
ПОЛУДЕНЬ

ХВИЛИНА
ПІСЛЯ
НІЧ
ЗАРАЗ
РАНОК
МАЙБУТНЄ
ГОДИНА
СЬОГОДНІ
РАННІЙ
ТИЖДЕНЬ

# 7 - Meditatie

| | | | | | | | | | | | | | |
|---|---|---|---|---|---|---|---|---|---|---|---|---|---|
| Е | М | Я | Т | Т | Я | Н | Й | И | Р | П | С | Ц | С |
| М | Х | У | Р | Л | О | Ь | Н | І | О | Я | П | Х | Ю |
| О | І | А | З | Н | Ч | Ф | Ц | К | З | А | О | У | Д |
| Ц | Я | В | Д | И | К | М | У | Д | У | Ґ | С | Ж | И |
| І | С | И | В | О | К | Х | Ю | М | М | Є | Т | С | Х |
| Ї | Н | Т | Ь | Ґ | Р | А | Ш | Е | О | Ь | Е | П | А |
| Ь | І | К | А | Л | И | И | Ф | Ф | В | Х | Р | І | Н |
| Щ | С | Е | Т | Н | М | К | Р | Ц | И | Н | Е | В | Н |
| Ґ | Т | П | О | Д | Я | К | А | П | Й | Т | Ж | Ч | Я |
| Д | Ь | С | Р | П | О | С | Т | А | В | А | Е | У | Т |
| Т | Ф | Р | Б | С | Т | И | Ш | А | Ь | У | Н | Т | С |
| Ґ | Н | Е | О | Р | Ю | Н | Н | Я | Ш | Р | Н | Т | А |
| Ф | У | П | Д | У | В | А | Г | А | Ґ | С | Я | Я | Щ |
| М | Ю | П | Р | О | К | И | Н | У | Т | И | С | Я | У |

УВАГА
ПРИЙНЯТТЯ
ДИХАННЯ
РУХ
ПОДЯКА
ЕМОЦІЇ
ДУМКИ
ЩАСТЯ
ЯСНІСТЬ
ПОСТАВА

СПІВЧУТТЯ
РОЗУМОВИЙ
МУЗИКА
ПРИРОДА
СПОСТЕРЕЖЕННЯ
ПЕРСПЕКТИВА
ТИША
МИР
ДОБРОТА
ПРОКИНУТИСЯ

# 8 - Muziek

```
Ю Т М Е Л О Д І Я П Ф С С М
Й Ю Ж П М І К Р О Ф О Н Ь У
Р И Т М О Л І Р И Ч Н И Й З
О М Н Т Н Е М У Р Т С Н І И
Х М Я Ч Ф Ф Т Є М Н И Е И К
М Е І У І Я О И Г А Щ Є М А
О К Є Ц І М О О Ч Л М Е О Н
Б А Л А Д А Т Ч Ф Н Ь О У Т
Ь В М Є Г Ж Д И Ш Е И Б У І
Л І Х У Ц О Е Н Р Ч У Й Ч Щ
А П Ч С И П А З Г Ч І Ь Н Ф
Д С Ж Є Ц Е М У З И Ч Н И Й
Ф Ь Г Ґ Ю Р У Е Ґ Б Є Т Д М
Ч Д Ф Є Б А Д Ь Т Ч Л Ґ С Ч
```

| | |
|---|---|
| АЛЬБОМ | МУЗИКАНТ |
| БАЛАДА | ОПЕРА |
| ІНСТРУМЕНТ | ЗАПИС |
| ХОР | ПОЕТИЧНИЙ |
| ЛІРИЧНИЙ | РИТМ |
| МЕЛОДІЯ | РИТМІЧНИЙ |
| МІКРОФОН | ТЕМП |
| МУЗИЧНИЙ | СПІВАК |

# 9 - Vogels

```
Ю  С  Д  И  Б  У  Л  О  Г  Ч  М  Г  П  И
Ж  В  А  О  Т  Ь  Е  Д  Ш  А  Г  О  І  М
Ч  Є  Н  Г  И  Щ  Л  Ф  Е  П  Ш  Р  Н  Ф
Ф  Ф  О  Н  У  Т  Е  Е  П  Л  А  О  Г  И
Х  Ф  Р  І  М  П  К  У  Ш  Я  А  Б  В  Ч
К  Ц  О  М  З  Ю  А  К  Ч  А  К  Е  І  В
С  У  В  А  О  Щ  Н  П  П  К  Р  Ц  Н  Щ
Т  С  М  Л  З  Х  М  Г  У  Й  У  Ь  Н  К
Р  О  И  Ф  У  Я  Г  Ю  Н  А  К  У  Т  Ґ
А  Г  Т  Е  Л  І  Й  У  Н  Ч  С  О  В  А
У  П  Л  П  Я  М  Ш  Ц  С  Щ  Ю  И  И  Г
С  Ч  К  І  М  А  П  Ч  Е  К  И  Ж  Р  І
П  Е  Л  І  К  А  Н  Я  Ч  Ш  А  А  Ю  Ь
П  А  В  И  Ч  Л  Е  Б  І  Д  К  А  Є  Х
```

| | |
|---|---|
| ГОЛУБ | ЛЕЛЕКА |
| КАЧКА | ПАПУГА |
| ЯЙЦЕ | ПАВИЧ |
| ФЛАМІНГО | ПЕЛІКАН |
| ГУСКА | ПІНГВІН |
| КУРКА | ЧАПЛЯ |
| ЗОЗУЛЯ | СТРАУС |
| ВОРОНА | ТУКАН |
| ЧАЙКА | СОВА |
| ГОРОБЕЦЬ | ЛЕБІДКА |

# 10 - Universum

| Г | О | Р | И | З | О | Н | Т | Ж | Ф | Є | Т | Д | И |
|---|---|---|---|---|---|---|---|---|---|---|---|---|---|
| Р | Ь | Ч | О | Б | Й | И | Н | Ч | І | М | С | О | К |
| О | Ц | Є | Є | Т | В | И | Д | И | М | И | Й | В | Ю |
| А | Я | Х | А | Р | Е | Ф | С | О | М | Т | А | Г | Л |
| К | С | І | Ґ | Х | А | М | У | Н | Б | С | У | О | Н |
| И | І | Т | М | Д | Ї | О | Р | Е | Т | С | А | Т | Е |
| Т | М | Ю | Р | Т | И | Т | Ь | Я | Н | Я | Т | А | Б |
| К | А | І | Д | О | З | А | Е | Ж | В | Г | І | Ч | О |
| А | Є | М | Ґ | Л | Н | Ґ | Е | Л | Ц | А | Б | Ж | Ю |
| Л | И | Х | А | Н | Д | О | К | Ж | Е | Ф | Р | Ч | Е |
| А | Ш | И | Р | О | Т | А | М | Ь | И | С | О | О | Б |
| Г | Е | К | В | А | Т | О | Р | Т | Е | И | К | С | Є |
| А | С | Т | Р | О | Н | О | М | І | Я | Ч | Н | О | Т |
| Р | Г | И | Г | П | І | В | К | У | Л | Я | І | М | П |

| | |
|---|---|
| АСТЕРОЇД | НЕБО |
| АСТРОНОМІЯ | ГОРИЗОНТ |
| АСТРОНОМ | НАХИЛ |
| АТМОСФЕРА | КОСМІЧНИЙ |
| ОРБІТА | ДОВГОТА |
| ШИРОТА | МІСЯЦЬ |
| ЗОДІАК | ГАЛАКТИКА |
| ТЕМРЯВА | ТЕЛЕСКОП |
| ЕКВАТОР | ВИДИМИЙ |
| ПІВКУЛЯ | |

# 11 - Wiskunde

| П | М | А | Р | Г | О | Л | Е | Л | А | Р | А | П | П |
| Ґ | Е | Г | Е | О | М | Е | Т | Р | І | Я | Ш | Л | А |
| Г | Б | Р | Т | Е | М | А | І | Д | У | Щ | П | О | Р |
| А | А | Й | И | В | О | К | Т | Я | С | Е | Д | Щ | А |
| Р | Г | Ф | Г | М | Ю | Ж | Ш | Ц | Є | Ц | Ь | А | Л |
| И | А | Б | У | У | Е | К | И | Х | Т | Р | Ь | Г | Е |
| Ф | Т | С | У | М | А | Т | Є | О | В | Ж | К | Р | Л |
| М | О | І | В | И | Я | І | Р | Т | Е | М | И | С | Ь |
| Е | К | И | Н | Т | У | К | И | Р | Т | К | Н | О | Н |
| Т | У | Р | І | В | Н | Я | Н | Н | Я | У | З | Б | И |
| И | Т | Р | Р | А | Д | І | У | С | М | Т | А | С | Й |
| К | Н | І | А | Ф | Ф | Ш | Ф | Г | Н | И | К | Я | Ц |
| А | И | Л | Ґ | К | Б | С | Ф | Е | Р | А | О | Г | І |
| Л | К | И | Н | Т | У | К | О | М | Я | Р | П | Ф | Б |

СФЕРА
ДЕСЯТКОВИЙ
ДІАМЕТР
ТРИКУТНИК
ПОКАЗНИК
ГЕОМЕТРІЯ
КУТИ
ПЕРИМЕТР
ПАРАЛЕЛЬНИЙ
ПАРАЛЕЛОГРАМ

ПРЯМОКУТНИК
АРИФМЕТИКА
СУМА
РАДІУС
СИМЕТРІЯ
БАГАТОКУТНИК
РІВНЯННЯ
ПЛОЩА
ОБСЯГ

# 12 - Gezondheid en Welzijn #1

| | | | | | | | | | | | | | |
|---|---|---|---|---|---|---|---|---|---|---|---|---|---|
| В | Л | П | Е | Р | Е | Л | О | М | Б | Е | Ю | О | Ш |
| П | И | І | Л | І | К | А | Р | Т | А | Х | Г | І | Я |
| Р | Т | С | К | Щ | Т | Ж | С | А | К | Ч | И | В | З |
| О | Р | У | О | У | У | Є | Е | Ш | Т | Т | М | Г | К |
| З | А | Р | А | Т | В | Т | Ф | А | Е | Е | Е | О | Л |
| С | В | І | К | М | А | А | Щ | С | Р | Р | Д | Л | І |
| Л | М | В | Т | Ш | Г | Ш | Н | В | І | А | И | О | Н |
| А | А | К | И | Н | О | Н | С | Н | Ї | П | Ц | Д | І |
| Б | Я | Ґ | В | А | Р | І | К | Ш | Я | І | И | У | К |
| Л | А | Ь | Н | К | М | М | Е | Н | Е | Я | Н | Щ | А |
| Е | С | М | И | Е | О | У | Л | Г | Е | Т | А | С | Л |
| Н | С | Я | Й | Т | Н | У | Ф | Ю | Ф | Р | Т | Ь | Р |
| Н | Ь | З | Ц | П | И | Ч | Е | Ц | Ґ | Ч | В | Г | Д |
| Я | Ш | И | Б | А | Б | С | Р | Х | Д | Щ | И | И | П |

АКТИВНИЙ
АПТЕКА
БАКТЕРІЇ
ЛІКУВАННЯ
ПЕРЕЛОМ
ЛІКАР
ЗВИЧКА
ГОЛОД
ВИСОТА
ГОРМОНИ

ШКІРА
КЛІНІКА
ТРАВМА
МЕДИЦИНА
РОЗСЛАБЛЕННЯ
РЕФЛЕКС
М'ЯЗИ
ТЕРАПІЯ
ВІРУС
НЕРВИ

# 13 - Camping

| | | | | | | | | | | | | | |
|---|---|---|---|---|---|---|---|---|---|---|---|---|---|
| Д | Т | І | Ш | П | Ю | Х | А | Ж | М | Р | А | М | Ж |
| Ц | Б | А | Е | Ь | О | Ю | Я | Х | Х | Ю | Е | Г | Н |
| К | О | М | А | Х | А | Л | Л | Т | Е | М | А | Н | А |
| Ґ | М | Г | Г | К | Т | Е | Ю | О | О | З | Е | Р | О |
| И | Л | О | А | О | Р | П | О | В | Н | М | А | Х | Г |
| Л | К | Р | М | М | О | А | Ґ | Д | А | Ф | С | О | Ш |
| Д | І | А | А | П | Ж | К | Ю | В | К | Н | Б | К | К |
| Е | Е | Х | К | А | Д | О | Г | И | Р | П | Н | Є | А |
| Р | О | С | Т | С | П | Р | И | Р | О | Д | А | Я | Р |
| Е | У | Ч | Х | А | Б | К | К | А | Б | І | Н | А | Т |
| В | Ц | И | Л | Х | Р | М | І | С | Я | Ц | Ь | Є | А |
| А | В | О | Г | О | Н | Ь | Т | Р | І | Є | Т | Ґ | А |
| Ю | Т | В | А | Р | И | Н | Ф | Т | Ж | Л | У | И | С |
| М | О | Т | У | З | К | А | Б | Г | Б | Т | Ш | В | Е |

| | |
|---|---|
| ПРИГОДА | ПОЛЮВАННЯ |
| ГОРА | КАРТА |
| ДЕРЕВА | КАНОЕ |
| ЛІС | КОМПАС |
| ВОГОНЬ | ЛІХТАР |
| КАБІНА | МІСЯЦЬ |
| ТВАРИН | ОЗЕРО |
| ГАМАК | ПРИРОДА |
| КАПЕЛЮХ | НАМЕТ |
| КОМАХА | МОТУЗКА |

# 14 - Algebra

| П | В | М | Й | М | Н | І | Ь | Ф | Д | З | Ф | Ш | В |
| О | И | А | И | Н | Б | Ф | И | Й | І | М | А | О | І |
| К | Р | Т | Н | Й | Ц | Я | Т | И | Ф | І | К | Ю | Д |
| А | І | Р | Н | И | Е | У | Р | Н | Д | Н | Т | В | Н |
| З | Ш | И | Е | В | Е | Д | М | Й | Ь | Н | О | И | І |
| Н | И | Ц | Ч | О | А | Т | К | І | Ф | А | Р | Г | М |
| И | Т | Я | Н | К | И | М | Р | Н | М | Л | Ф | І | А |
| К | И | У | І | Л | Я | Е | Е | І | Ь | У | Ч | Н | Н |
| Д | У | Ж | К | И | Н | І | И | Л | П | М | Ь | Ж | Н |
| Д | Ч | Ж | С | М | Н | У | С | Ф | Б | Р | Є | О | Я |
| Ю | В | Ф | Е | О | Е | Ф | Л | У | Т | О | Е | И | У |
| Л | Г | Х | Н | П | Ш | Л | Щ | Ь | М | Ф | Р | І | Е |
| К | І | Л | Ь | К | І | С | Т | Ь | Н | А | Т | П | Б |
| Ф | Ю | А | М | А | Р | Г | А | І | Д | Л | Ґ | Б | К |

| | |
|---|---|
| ВІДНІМАННЯ | МАТРИЦЯ |
| ДІАГРАМА | НУЛЬ |
| ПОКАЗНИК | НЕСКІНЧЕННИЙ |
| ФАКТОР | ВИРІШИТИ |
| ФОРМУЛА | РІШЕННЯ |
| ГРАФІК | ПРОБЛЕМА |
| ДУЖКИ | СУМА |
| КІЛЬКІСТЬ | ПОМИЛКОВИЙ |
| ЛІНІЙНИЙ | ЗМІННА |

# 15 - Activiteiten

| Ж | Т | Р | Ф | О | Т | О | Г | Р | А | Ф | І | Я | А |
| Ф | А | Г | О | П | О | Л | Ю | В | А | Н | Н | Я | В |
| Ь | Н | І | Т | З | Д | О | З | В | І | Л | Л | Я | Я |
| Т | Ц | Ц | Е | А | С | Ш | И | Т | Т | Я | Ф | Ь | З |
| С | І | Я | Н | Н | Е | Л | О | В | О | Д | А | З | А |
| І | Щ | Т | А | И | К | Д | А | Г | А | З | Ж | Ю | Н |
| Н | А | В | И | Ч | К | А | К | Б | Ч | У | О | Б | Н |
| Ь | І | И | Ф | К | Ч | Л | Е | П | Л | Ч | Ю | Ч | Я |
| Л | К | Р | Н | Е | И | С | Р | Л | Ю | Е | Р | Є | Г |
| Я | І | Г | А | М | Т | Е | А | Х | Ч | Т | Н | У | Д |
| І | Г | І | Ю | П | А | М | М | Ф | Ґ | Б | Н | Н | К |
| Д | Ь | Г | Р | І | Н | Е | І | Ґ | Ч | У | Н | Л | Я |
| Ж | У | Я | Л | Н | Н | Р | К | Ґ | В | Т | Ґ | Е | С |
| Ю | Е | С | И | Г | Я | Г | А | Ш | В | І | Ф | Е | Ж |

ДІЯЛЬНІСТЬ
РЕМЕСЛА
В'ЯЗАННЯ
ТАНЦІ
ФОТОГРАФІЯ
ІГРИ
ПОЛЮВАННЯ
КЕМПІНГ
КЕРАМІКА

ЧИТАННЯ
МАГІЯ
ШИТТЯ
РОЗСЛАБЛЕННЯ
ЗАДОВОЛЕННЯ
ЗАГАДКИ
НАВИЧКА
ДОЗВІЛЛЯ

# 16 - Vormen

| Л | К | Р | И | В | А | М | З | И | Р | П | Н | П | П |
|---|---|---|---|---|---|---|---|---|---|---|---|---|---|
| Ц | І | Б | С | К | А | Д | І | М | А | Р | І | П | Р |
| К | Ч | Н | І | И | Р | Ц | И | Л | І | Н | Д | Р | Я |
| Ц | Е | О | І | И | Е | У | У | Ґ | Ц | Ц | А | Ґ | М |
| К | У | Б | С | Я | Ф | Х | Г | К | Ж | Ґ | К | Д | О |
| Щ | П | И | О | Х | С | П | І | Л | Е | Г | О | У | К |
| К | У | Т | Б | І | К | Ж | А | М | И | Ь | Н | Г | У |
| А | Ґ | Е | Я | Л | С | Л | Н | Е | Ш | Й | У | А | Т |
| Г | С | Н | А | Г | О | Ґ | Ю | Ю | П | І | С | Є | Н |
| Б | А | Г | А | Т | О | К | У | Т | Н | И | К | Ц | И |
| И | Щ | В | Ч | К | И | Н | Т | У | К | И | Р | Т | К |
| У | О | Н | Н | Ь | О | В | Ч | Т | П | С | Ґ | Н | Р |
| М | Л | Ф | Л | Ш | А | Л | О | Б | Р | Е | П | І | Г |
| Ґ | П | С | Б | У | С | Я | О | С | С | Г | Л | Ю | Щ |

СФЕРА
ДУГА
ЦИЛІНДР
КОЛО
КРИВА
ТРИКУТНИК
КУТ
ГІПЕРБОЛА
БІК
КОНУС

КУБ
ЛІНІЯ
ЕЛІПС
ПІРАМІДА
ПРИЗМА
ПРЯМОКУТНИК
КРУГЛИЙ
БАГАТОКУТНИК
ПЛОЩА

# 17 - Diplomatie

```
Г Е У І Д Я Й П О Г Р С Ц Г
О Р Т К Г О И О Б У Е П І Р
Б Ш О И Ґ О Н Л Ю М З І Л О
Г Ч К М К Е Ч І Ч А О В І М
О О Ь Ц А А И Т Ж Н Л П С А
В Є М Є Д Д Т И І Ю Р Н Д
О П О С О Л А К Н Т Ц А І Я
Р К Є О Б Ц М А О А І Ц С Н
Е У Т Ь Д К О К З Р Я Я Т И
Н Р Ч Ф Ґ А Л Е Е Н Ф П Ь Ю
Н Я Є У В К П П М И В О М С
Я Д Ц К В Ю И З Н Й Ь В М П
Р А Д Н И К Д Е И Т Ч У Л І
Р І Ш Е Н Н Я Б Й Е М Ч І Я
```

РАДНИК
ПОСОЛ
ІНОЗЕМНИЙ
ГРОМАДЯНИ
ДИПЛОМАТИЧНИЙ
ОБГОВОРЕННЯ
ЕТИКА
ГРОМАДА
ГУМАНІТАРНИЙ

ЦІЛІСНІСТЬ
РІШЕННЯ
ПОЛІТИКА
УРЯД
РЕЗОЛЮЦІЯ
СПІВПРАЦЯ
МОВИ
БЕЗПЕКА

# 18 - Astronomie

```
К Т У М А Н Н І С Т Ь Т А Т
Я О Г П А С Т Р О Н О М С Е
Н Б С Г С Є Р Ґ Р А Б У Т Л
Н Р Щ М А Ж Д А Ф Ж П Ш Е Е
Е Р Ц Є О Б С Т Д Ч Ц Г Р С
Д У Х Є Ч С А К Р І З Ж О К
О С У З І Р Я И О А А Л Ї О
Н С Т Г П Л А Н Е Т А Ц Д П
В Н К Р Д Р С Т Т П І К І Є
І Ж Щ Т В Д Ф У Е Є А Д Н Я
Р А К Е Т А Ґ П М М Я А І Л
В С Е С В І Т У Ю Ю О Ч В М
Я М І С Я Ц Ь С Ґ Ф Ч К И Е
О Б С Е Р В А Т О Р І Я А З
```

ЗЕМЛЯ
АСТЕРОЇД
АСТРОНОМ
РІВНОДЕННЯ
КОМЕТА
КОСМОС
МІСЯЦЬ
МЕТЕОР
ТУМАННІСТЬ

ОБСЕРВАТОРІЯ
ПЛАНЕТА
РАКЕТА
СУПУТНИК
ЗІРКА
СУЗІР'Я
РАДІАЦІЯ
ТЕЛЕСКОП
ВСЕСВІТ

# 19 - Vakantie #2

| | | | | | | | | | | | | | |
|---|---|---|---|---|---|---|---|---|---|---|---|---|---|
| В | О | Н | П | О | Д | О | Р | О | Ж | Я | Н | Р | І |
| Х | І | П | П | Р | Н | Ф | Ь | К | Ґ | Д | Є | Е | Н |
| В | В | З | Т | Р | О | П | С | А | П | В | Г | С | О |
| І | Н | Щ | А | Ц | И | Е | Е | Р | Е | Ю | Я | Т | З |
| Щ | Ш | Ґ | В | К | Є | З | В | Т | В | С | Н | О | Е |
| К | И | Т | Р | О | П | С | Н | А | Р | Т | Н | Р | М |
| Е | Р | О | М | Т | Ш | С | П | А | Б | Г | А | А | Е |
| М | П | Р | Т | Я | Ш | Т | Ц | К | Ч | Я | В | Н | Ц |
| П | Н | Л | М | В | Т | А | К | С | І | Е | Ю | Ю | Ь |
| І | А | Т | Я | С | О | С | Т | Р | І | В | Н | И | П |
| Н | М | Д | О | Ж | Г | О | Т | Е | Л | Ь | О | Н | Е |
| Г | Е | Д | О | З | В | І | Л | Л | Я | К | Р | Х | Я |
| Ф | Т | Р | О | П | О | Р | Е | А | Г | Ж | Б | У | Р |
| І | Н | О | З | Е | М | Н | И | Й | Ц | А | С | М | П |

ПРИЗНАЧЕННЯ
ІНОЗЕМЕЦЬ
ІНОЗЕМНИЙ
ОСТРІВ
ГОТЕЛЬ
КАРТА
КЕМПІНГ
АЕРОПОРТ
ПАСПОРТ
ПОДОРОЖ

БРОНЮВАННЯ
РЕСТОРАН
ПЛЯЖ
ТАКСІ
НАМЕТ
СВЯТО
ТРАНСПОРТ
ВІЗА
ДОЗВІЛЛЯ
МОРЕ

# 20 - Weersomstandigheden

```
Ш А П О С У Х А Р А М Х М Р
Б К Р Ч Ч К Ґ Щ Ь Г Т Е У Т
Л Л Т У Т Ь Б Щ Щ П Н А С О
И Е І Ґ Т А М І Л К Д Щ О Р
С С Л У Н А М У Т Л І Д Н Н
К Е Ґ Я А Ж Р Ч Ґ Г Ш Л А А
А В Й Ь Ш Р Б Е И Л Г В Є Д
В Й И Н Р Я Л О П Д М Х Б О
К И Г І Б Ц Е Б У М И Р Г В
А Н О В Г У Ц Е Ц Р Е Ш Р І
Х Ш Л О И Ґ Р Н Х В А Т Ц Т
Т Р О П І Ч Н И Й Р М Г Х Е
И І В А Т М О С Ф Е Р А А Р
Я Т Ц Ф О П Я М Л Є Ф Ж П Н
```

| | |
|---|---|
| АТМОСФЕРА | ПОВІНЬ |
| БЛИСКАВКА | ПОЛЯРНИЙ |
| ГРИМ | ВЕСЕЛКА |
| ПОСУХА | БУР |
| НЕБО | ТЕМПЕРАТУРА |
| ЛІД | ТОРНАДО |
| КЛІМАТ | ТРОПІЧНИЙ |
| ТУМАН | ВОЛОГИЙ |
| МУСОН | ВІТЕР |
| УРАГАН | ХМАРА |

# 21 - Strand

| | | | | | | | | | | | | |
|---|---|---|---|---|---|---|---|---|---|---|---|---|
| Р | Ж | У | К | Т | В | І | Д | П | У | С | Т | К | А |
| У | Ґ | П | В | І | Т | Р | И | Л | Ь | Н | И | К | Н |
| Ш | К | Я | І | Ж | Є | Х | Н | Ю | Ґ | Н | Д | Ш | У |
| Н | И | Д | Л | С | Ш | В | І | С | А | Ч | Т | Ц | Г |
| И | Б | Г | А | Ґ | О | У | Л | Ф | И | Р | В | А | А |
| К | Х | О | Д | Е | Х | К | О | Д | Ч | Н | Р | Щ | Л |
| О | Ч | С | Н | Х | Г | В | О | Т | Я | М | І | Ґ | Н |
| У | О | Ґ | А | М | О | Р | Е | Ц | Н | О | С | Й | П |
| И | В | Ж | С | О | Ю | П | Є | Д | У | П | Ж | О | Л |
| Л | Е | Ь | Ч | Н | К | У | Є | П | Ж | Н | Ж | С | А |
| Я | Н | Я | Я | Ж | Е | Р | Е | Б | З | У | Т | В |
| Я | Р | С | І | Ь | В | Б | А | Р | К | Т | А | Р | А |
| І | Д | И | П | Ш | Є | Щ | Х | Н | Є | Є | Ч | І | Т |
| П | А | Р | А | С | О | Л | Ь | К | А | Ю | И | В | И |

СИНІЙ  
ЧОВЕН  
ДОК  
ОСТРІВ  
РУШНИК  
КРАБ  
УЗБЕРЕЖЖЯ  
ЛАГУНА  
ОКЕАН  

ПАРАСОЛЬКА  
РИФ  
САНДАЛІ  
ВІДПУСТКА  
ПІСОК  
МОРЕ  
ВІТРИЛЬНИК  
СОНЦЕ  
ПЛАВАТИ

# 22 - Eten #2

```
Ш  Ю  Ш  Й  О  Г  У  Р  Т  С  К  К  П  Б
Н  Я  Ц  И  Н  Е  Ш  П  Ч  П  Д  Ц  Щ  Р
К  Б  Ч  Р  Н  Щ  А  Е  И  А  К  О  М  О
Р  І  И  О  Н  К  Е  Ш  М  Р  О  Ш  И  К
Ф  Л  В  Д  Є  Щ  А  С  Т  Ж  В  С  Г  О
У  Х  Г  І  Ф  У  К  Х  И  А  С  Ф  Д  Л
Р  Ш  Д  М  М  Ф  Р  П  Ь  Р  Ь  Ґ  А  І
Г  А  К  О  Ґ  П  У  Л  Ч  Е  С  Ґ  Л  Г
Ш  Б  О  П  Б  А  К  Л  А  Ж  А  Н  Ь  Р
П  Е  Р  С  И  К  К  Ж  Ю  Ж  Н  А  Ю  И
Я  Б  Л  У  К  О  Л  И  Р  У  А  Н  Б  Б
Я  Й  Ц  Е  Ш  Я  Х  Ґ  И  Х  Н  А  Н  А
В  И  Н  О  Г  Р  А  Д  С  Щ  А  Б  Ж  Ґ
Р  И  Ч  А  Р  Ґ  Ш  Ч  Б  Б  Р  У  Р  Ц
```

| | |
|---|---|
| МИГДАЛЬ | ШИНКА |
| АНАНАС | СИР |
| ЯБЛУКО | КУРКА |
| СПАРЖА | КІВІ |
| БАКЛАЖАН | ПЕРСИК |
| БАНАН | РИС |
| БРОКОЛІ | ПШЕНИЦЯ |
| ХЛІБ | ПОМІДОР |
| ВИНОГРАД | РИБА |
| ЯЙЦЕ | ЙОГУРТ |

# 23 - Restaurant #1

| Щ | У | С | В | К | Р | Ч | Ж | Я | О | О | Г | А | Б |
|---|---|---|---|---|---|---|---|---|---|---|---|---|---|
| Б | О | А | Х | У | Р | О | Х | Ґ | У | Ч | Ш | Я | Я |
| О | Ь | Д | Л | Р | И | С | А | К | А | Ш | Г | Ж | Щ |
| Т | Ф | Ж | І | К | Е | Я | К | В | Є | К | Ш | Д | А |
| К | В | І | Б | А | І | М | Л | Ю | А | С | О | У | С |
| Ч | Ш | Н | Ц | Г | Ч | І | І | В | Ш | К | Б | Т | Ч |
| У | А | Г | С | І | Ж | Т | Р | Е | С | Е | Д | Т | О |
| Л | Ц | Ш | Р | М | А | Н | А | В | Ю | Ш | Ь | Я | Н |
| В | К | Щ | А | А | Щ | Н | Т | Б | М | М | Е | Н | Ю |
| А | Л | Е | Р | Г | І | Я | Т | Ш | І | Д | Ш | Х | К |
| Г | О | С | Т | Р | И | Й | Я | К | М | Ф | Я | У | Н |
| Я | С | Ч | Я | І | Д | Я | Є | Ґ | А | Ч | К | К | Х |
| Я | Є | С | Е | Р | В | Е | Т | К | А | Ю | В | Х | Ґ |
| Б | Р | О | Н | Ю | В | А | Н | Н | Я | Г | О | Ф | Х |

АЛЕРГІЯ
ТАРІЛКА
ХЛІБ
КАСИР
КУХНЯ
КУРКА
КАВА
ЧАША
МЕНЮ

НІЖ
ГОСТРИЙ
БРОНЮВАННЯ
СОУС
ОФІЦІАНТКА
СЕРВЕТКА
ДЕСЕРТ
М'ЯСО

# 24 - Geologie

```
М К В С С З Д Л З Г Ц Є Н Р
С И И Т Ш Е Ц П О Т А Л П Ь
Щ С К А А М Х Р Н Ь Г Е Г Ґ
Ф Л О Л Р Л И Л А Т С И Р К
А О П А С Е Л Щ Є В Щ Ґ Ц П
Ч Т Н К І Т А Г Є Т К В Ь Ч
Е А И Т Л Р Р В У Л К А Н Л
П Р Й И Ь У Е Е Ф Щ И О І А
Е Х О Т Х С Н Є З А Щ Л М В
Ч Я Ж З Т Щ І Е П Й Ф Т А А
Е У Щ І І Г М П К І Е Ь К Є
Р Ь Л Ю И Я Щ Ю Е Ь Є Г Б Ф
А А И І Е И К А Л Ь Ц І Й Х
К О Р А Л О В И Й Х Я У И Я
```

| | |
|---|---|
| ЗЕМЛЕТРУС | ЛАВА |
| КАЛЬЦІЙ | МІНЕРАЛИ |
| ЕРОЗІЯ | ПЛАТО |
| ВИКОПНИЙ | СТАЛАКТИТ |
| ГЕЙЗЕР | КАМІНЬ |
| ПЕЧЕРА | ВУЛКАН |
| КОРАЛОВИЙ | ЗОНА |
| КРИСТАЛИ | СІЛЬ |
| КВАРЦ | КИСЛОТА |
| ШАР | |

# 25 - Specerijen

```
К  Ц  І  Л  Б  Г  Н  Н  Е  Т  У  К  Ч  С
М  Я  М  Б  К  Ю  І  Р  Р  А  К  У  Я  О
И  А  Н  О  М  А  Д  Р  А  К  Л  Р  Ц  Л
Н  Н  Л  І  К  Т  С  И  К  В  Х  К  И  О
Т  О  М  Ґ  Е  Р  А  Б  А  И  Ґ  У  Б  Д
Л  К  Ш  К  О  Я  В  М  В  Р  Й  М  У  К
Х  В  І  М  М  Ц  А  І  Ш  Б  О  А  Л  И
Ч  С  Ж  Ц  Е  И  Н  Д  Н  Ж  С  М  Я  Й
Ф  Ж  Є  М  Є  Р  І  А  К  И  Р  П  А  П
У  Ж  Ю  Ц  В  О  Л  Х  Б  Н  А  П  Н  Т
Ч  А  С  Н  И  К  І  П  Е  Р  Е  Ц  Ь  А
И  Ь  Л  І  С  К  О  Р  І  А  Н  Д  Р  Т
Ь  Л  Е  Х  Н  Е  Ф  П  Ш  А  Ф  Р  А  Н
С  Є  Ж  Ґ  Т  А  К  И  Д  З  О  В  Г  Г
```

| | |
|---|---|
| АНІС | КУРКУМА |
| ГІРКИЙ | ПАПРИКА |
| ІМБИР | ПЕРЕЦЬ |
| КОРИЦЯ | ШАФРАН |
| КАРДАМОН | АРОМАТ |
| КАРРІ | ЦИБУЛЯ |
| ЧАСНИК | ВАНІЛІ |
| КМИН | ФЕНХЕЛЬ |
| КОРІАНДР | СОЛОДКИЙ |
| ГВОЗДИКА | СІЛЬ |

# 26 - Groenten

| Р | Е | Д | И | С | І | М | Б | И | Р | А | І | Е | Ц |
|---|---|---|---|---|---|---|---|---|---|---|---|---|---|
| Ц | Ю | Є | Д | Є | Н | А | Ж | А | Л | К | А | Б | И |
| Щ | Є | У | Ч | Ш | П | И | Н | А | Т | В | Ч | И | Б |
| Г | Ю | І | Ф | І | Е | Ц | Ч | Ф | Д | И | Ж | Р | У |
| П | Г | И | І | Л | О | К | О | Р | Б | Л | С | Г | Л |
| Р | Е | Ю | І | І | Р | О | Д | І | М | О | П | Ь | Я |
| А | П | Т | А | Ч | И | Р | У | П | Ч | П | Г | Є | К |
| О | Б | Н | Р | Ф | С | І | Т | А | Л | А | С | Я | Ш |
| Я | Ф | Х | Е | У | Я | Г | Х | О | Р | О | Г | И | Ч |
| Т | И | І | Л | Р | Ш | О | Л | Н | Л | Ш | И | Ь | А |
| Є | Ж | Б | Е | А | В | К | Р | О | М | А | М | Г | С |
| Б | С | М | С | Ґ | В | Є | А | О | Ц | Ь | Ш | Г | Н |
| Г | А | Р | Б | У | З | А | Р | Т | И | Ш | О | К | И |
| Ш | О | Е | Л | Ф | Ш | Т | Н | Я | Є | Ь | К | Ц | К |

| | |
|---|---|
| АРТИШОК | ГАРБУЗ |
| БАКЛАЖАН | РІПА |
| БРОКОЛІ | РЕДИС |
| ГОРОХ | САЛАТ |
| ІМБИР | СЕЛЕРА |
| ЧАСНИК | ШАЛОТ |
| ОГІРОК | ШПИНАТ |
| ОЛИВКА | ПОМІДОР |
| ГРИБ | ЦИБУЛЯ |
| ПЕТРУШКА | МОРКВА |

# 27 - Archeologie

```
Е Ш М К О В И К О П Н И Й А
О Ж В О А Ц З А Б У Т И Й Н
Б Й И М О Д І В Е Н Т Є Б А
Є Ю Н А Р Е Ґ Н Р М О Щ Х Л
К М Ґ Н С Я І В К І Л Е Р І
Т Л Р Д Щ Ц Х І П А Ш Б А З
Ц Ь Б А Т А Є М Н И Ц Я М П
Д О С Л І Д Н И К К У Є Щ Р
Ф Р А Г М Е Н Т И Т Г Ю Г О
К Ч Р Ш И К В О Н С И В Ь Ф
И М Я І Ц А З І Л І В И Ц Е
М О Г И Л А М Г П К Ж Д К С
Е К С П Е Р Т Ш Ц Р Р Б П О
Н А Щ А Д К А Ь А Х Т Ф Ш Р
```

| | |
|---|---|
| АНАЛІЗ | НАЩАДКА |
| ЦИВІЛІЗАЦІЯ | ОБ'ЄКТ |
| ВИСНОВКИ | НЕВІДОМИЙ |
| КІСТКИ | ДОСЛІДНИК |
| ЕКСПЕРТ | ПРОФЕСОР |
| ОЦІНКА | РЕЛІКВІЯ |
| ВИКОПНИЙ | КОМАНДА |
| ФРАГМЕНТИ | ХРАМ |
| МОГИЛА | ЕРА |
| ТАЄМНИЦЯ | ЗАБУТИЙ |

# 28 - Dans

| У | Т | Р | Ц | Р | Ю | А | К | И | З | У | М | Б | Ґ |
|---|---|---|---|---|---|---|---|---|---|---|---|---|---|
| Ю | А | Р | У | Т | Ь | Л | У | К | Ц | Щ | Ю | Є | Е |
| І | У | Ж | И | Х | Б | П | Л | М | М | Е | Х | Ь | И |
| Є | С | Г | Є | Г | Х | Ь | Ь | Щ | А | С | Ж | Т | Б |
| Р | М | Ф | Я | А | В | А | Т | С | О | П | У | А | Х |
| П | Е | П | К | Г | Д | П | У | В | Е | Я | Ш | Д | Щ |
| Е | А | П | Я | І | Ф | А | Р | Г | О | Е | Р | О | Х |
| М | Ж | Р | Е | Е | Ґ | Ф | Н | Р | И | Т | М | Г | Ґ |
| О | Л | І | Т | Т | П | Й | И | Н | С | І | Д | А | Р |
| Ц | Ґ | И | Ц | Н | И | Н | Й | І | М | Ш | Ч | Л | Ч |
| І | Р | Л | Л | Е | Ц | И | Ф | А | В | А | Б | Щ |
| Я | Д | Г | Ц | Ц | И | Р | І | Л | Х | Ю | Ж | К | В |
| В | И | Р | А | З | Н | И | Й | Я | А | Р | А | С | П |
| Т | Р | А | Д | И | Ц | І | Й | Н | И | Й | Т | Б | И |

| | |
|---|---|
| РУХ | ПОСТАВА |
| РАДІСНИЙ | ТІЛО |
| ХОРЕОГРАФІЯ | МУЗИКА |
| КУЛЬТУРНИЙ | ПАРТНЕР |
| КУЛЬТУРА | РЕПЕТИЦІЯ |
| ЕМОЦІЯ | РИТМ |
| ВИРАЗНИЙ | ТРАДИЦІЙНИЙ |
| БЛАГОДАТЬ | |

# 29 - Sport

```
Г В Е Л О С И П Е Д В Г Ч К
Т Р Б А С К Е Т Б О Л І Е О
Г Е А Ц І Ґ Я Ф Г Р А М М М
Г Н К В Н Ч Е Б Ш И Н Н П А
О Е И А Е К К Е Е Л Ь А І Н
Л Р Т Р Т Ц Ю Й Н О Ц З О Д
Ь Т С Е У Я Ь С Е Ж Е І Н А
Ф А А Я С Х Ь Б М К Ж Я А Ф
У Ь Н І А К М О С Я О Щ Т П
І С М О Б Ч Ь Л Т Б М Х Л Ц
І С І С У Д Д Я Р Р Е Ґ П Ч
Щ А Г Щ К Ю Ф Е О К Р Х К І
С Т А Д І О Н В П Т Е Н Т Ч
П П Л А В А Т И С М П Ж Т Є
```

СПОРТСМЕН
БАСКЕТБОЛ
РУХ
ВЕЛОСИПЕД
ГОЛЬФ
ГІМНАЗІЯ
ГІМНАСТИКА
ХОКЕЙ
БЕЙСБОЛ
ЧЕМПІОНАТ

СУДДЯ
ГРА
ГРАВЕЦЬ
СТАДІОН
КОМАНДА
ТЕНІС
ТРЕНЕР
ПЕРЕМОЖЕЦЬ
ПЛАВАТИ

# 30 - Mythologie

```
Ф Д Ш Л Ю Ь М І Р Г А А К Ю
М Л И Х О Ф А Є С Ф В Д С Ш
Г О Я Н Н Е Р О В Т С Г Ґ Б
І Е Н Р Е В Н О Щ І О П Д Е
Я Л Р С Л Е Г Е Н Д А Т Ш З
М Т Ь О Т Ь И Ч Ї Є Л Н А С
И Ь Т Г Ї Р Ж М О Б И И К М
Д И Ж Б Щ Н Х Щ В Ф С Р Н Е
Н А Я Б Х И Я Ч Г Ґ Б І І Р
Б Л И С К А В К А Д Я Б Д Т
А Р Х Е Т И П Ф Т Е Л А Е Я
Г Е Р О Й Н Щ Б М О П Л В О
М М Ч Ґ К У Л Ь Т У Р А О Ц
А Г Ь Т У Б Н Е Б О І В П Я
```

| | |
|---|---|
| АРХЕТИП | НЕБО |
| БЛИСКАВКА | РЕВНОЩІ |
| СТВОРЕННЯ | СИЛА |
| КУЛЬТУРА | ВОЇН |
| ГРІМ | ЛЕГЕНДА |
| ЛАБІРИНТ | МОНСТР |
| ПОВЕДІНКА | БЕЗСМЕРТЯ |
| ГЕРОЙ | ЛИХО |
| ГЕРОЇНЯ | ІСТОТА |

# 31 - Eten #1

```
А І Ч Ґ М Х Ф Р Є Ь К Ч Л Ш
Ш Б Д Ь С Д В Ґ Д Ц О А С Л
У Л Р І Ш М М Х Я У Р С А Е
Р Я Ц И Н У Л О П К И Н Л Д
Г Ц Н О К О Л О М О Ц И А Ь
П Ц Г Щ Б О С Я М Р Я К Т Ц
А Р А Х І С С М О Р К В А Е
Ц Л Ю Г А Ж Е Б Л И М О Н Н
Ж И У С Ц Б Н К В Ш А Ж І У
Е П Б Р О А Ю А Ш П И Н А Т
С Г П У Ґ Ю Ь Б Н В Ж Ж И Ц
С І Ф Ь Л І С А Ф В Л М А Л
Ю Х К А Є Я В А С И Л Ь О М
О Я Ч М І Н Ь С У П Н В Л Є
```

| | |
|---|---|
| ПОЛУНИЦЯ | САЛАТ |
| АБРИКОС | СІК |
| ВАСИЛЬ | СУП |
| ЛИМОН | ШПИНАТ |
| ЯЧМІНЬ | ЦУКОР |
| КОРИЦЯ | ТУНЕЦЬ |
| ЧАСНИК | ЦИБУЛЯ |
| МОЛОКО | М'ЯСО |
| ГРУША | МОРКВА |
| АРАХІС | СІЛЬ |

# 32 - Avontuur

```
Н Е Б Е З П Е Ч Н И Й Ш Ш Р
Д І Я Л Ь Н І С Т Ь О Ц А І
П Р Ґ Б Ю Н Е Ю П Ю Х О Є І
А Р Є Я Ь Т С І Р Б О Р О Х
К С И І В В Н Й И В О Н Ф Т
Е Ш В Р Ф В А Ж З Ц К О Ґ Р
П Н Ь І О К Ш Д Н О Б А Ж П
З П Т З Ш Д Е Т А С А Р К С
Е І С У М Ь А О Ч Ю И А О Ч
Б Ґ І Р З Ю И М Е Л Б О Р П
Т П Д Д Ч І Н Є Н Х В Д Л Ю
Г Е А Ж Г М А О Н Е Ш Т Щ А
М А Р Ш Р У Т З Я Ґ Р Б Р Ц
П О Д О Р О Ж І М К Ф У Л М
```

| | |
|---|---|
| ДІЯЛЬНІСТЬ | МАРШРУТ |
| ПРИЗНАЧЕННЯ | ПОДОРОЖІ |
| ЕНТУЗІАЗМ | КРАСА |
| НЕБЕЗПЕЧНИЙ | ПРОБЛЕМИ |
| ШАНС | БЕЗПЕКА |
| ХОРОБРІСТЬ | РАДІСТЬ |
| ПРИРОДА | ДРУЗІ |
| НОВИЙ | |

# 33 - Circus

```
Б  И  Ь  Я  К  Л  Ж  А  К  Т  Ф  Ж  Ф  Щ
Н  К  Л  О  У  Н  Е  П  Ґ  В  И  Т  Ч  П
Ф  Д  С  Б  Д  О  Ж  В  Ґ  Ф  И  Г  А  П
Е  Е  С  М  Є  Л  О  А  Т  Д  И  Т  Р  Ц
С  П  Т  А  В  С  Н  М  Е  А  Ґ  А  О  В
Д  М  П  Г  Ю  Ч  Г  Ю  М  А  Г  І  Я  К
Г  Л  Я  Д  А  Ч  Л  Т  А  Б  О  Р  К  А
Я  Г  С  А  К  Є  Е  С  Н  Ш  Ю  Ц  М  Ґ
Л  И  Ф  Р  И  Я  Р  О  И  Ю  Ф  Ґ  В  Х
Х  Т  Г  А  З  Щ  И  К  Р  Е  К  У  Ц  О
Д  Ь  Ж  П  У  Ч  И  И  А  И  В  Б  Д  Ш
Е  Ж  Л  Е  М  С  К  Д  В  Н  Т  Т  Ш  Ж
Г  С  У  Ш  П  А  Ц  Ц  Т  П  Л  Ч  С  Ф
Ч  Щ  Ґ  П  О  К  А  З  А  Т  И  Ф  Г  А
```

| | |
|---|---|
| МАВПА | ЛЕВ |
| АКРОБАТ | МАГІЯ |
| КЛОУН | МУЗИКА |
| ТВАРИН | СЛОН |
| МАГ | ПАРАД |
| ЖОНГЛЕР | ЦУКЕРКИ |
| КВИТОК | НАМЕТ |
| КОСТЮМ | ТИГР |
| ПОКАЗАТИ | ГЛЯДАЧ |

# 34 - Restaurant #2

```
О Й И Н Ч А М С Г Я Ц Ю Ґ К
Ф Р Ґ Ш О Б І Д І Л Й Н А Р
І К Ц Е Ш И Ч Г В Ч М Ц Ґ І
Ц Є У В Т Р О Т Ґ Ґ Ь Ц Я С
І Ц Л Л І Н В Ц Г Ь Ч Х А Л
А Л Е М Я Щ О К Ч С Х Ь Н О
Н С Б Ю М Ь Х Ґ Ц П У Ґ И Н
Т А К Ж О Л Я Є Ф Р И П Ш О
А Л Д Є Х І И Л Р В И Л К А
К А Ф О Я С Н Х У И И Ц О Д
Ж Т Ґ Г В Х Л Х К И Ю Н Л Т
С П Е Ц І Ї Ь И Т Ч Ц Т Я Ж
В Е Ч Е Р Я Г Б Н А П І Й Ш
Х Н Я Ю Ш И М А И А Е Р Ґ М
```

| | |
|---|---|
| ТОРТ | ЛОКШИНА |
| ВЕЧЕРЯ | ОФІЦІАНТ |
| НАПІЙ | САЛАТ |
| ЯЙЦЯ | СУП |
| ФРУКТ | СПЕЦІЇ |
| ОВОЧІ | КРІСЛО |
| СМАЧНИЙ | РИБА |
| ЛІД | ВИЛКА |
| ЛОЖКА | ВОДА |
| ОБІД | СІЛЬ |

# 35 - Bijen

| | | | | | | | | | | | | |
|---|---|---|---|---|---|---|---|---|---|---|---|---|
| У | К | Ч | А | К | Б | Л | Т | Б | Д | Ь | Л | П | И |
| К | Н | К | М | У | Р | Д | Е | Ц | О | Р | Р | И | Ц |
| Ї | В | Р | Е | Ь | Щ | Ч | У | Ф | Г | Х | Ж | Л | О |
| Д | Ж | Р | Т | М | Е | Д | Т | Ю | М | У | З | О | С |
| Ґ | Д | А | С | С | О | Н | Ц | Е | Є | Г | А | К | И |
| Ф | Е | Й | И | Н | Д | І | Г | И | В | О | П | Б | М |
| Ф | Р | Б | С | Х | Л | Х | Т | Н | Ч | Е | И | О | А |
| Л | Ґ | У | О | К | Ю | К | П | И | К | И | Л | У | В |
| Р | І | Й | К | Д | И | М | Ш | Л | Ш | П | Ь | И | Е |
| К | К | Н | Е | Т | К | Щ | Ф | С | Г | Ц | Н | А | Л |
| К | Р | И | Л | А | Х | А | М | О | К | В | И | И | О |
| К | В | І | Т | И | Я | Л | Ь | Р | Ц | І | К | П | Р |
| В | І | С | К | А | Щ | Н | Б | Ю | І | Т | П | Н | О |
| Л | О | О | П | Г | Р | У | Ц | Ю | Х | Є | І | К | К |

ЗАПИЛЬНИК  
ВУЛИК  
КВІТИ  
ЦВІТ  
ЕКОСИСТЕМА  
ФРУКТ  
МЕД  
КОМАХА  
КОРОЛЕВА  
РОСЛИНИ  

ДИМ  
ПИЛОК  
САД  
КРИЛА  
ЇЖА  
ВИГІДНИЙ  
ВІСК  
СОНЦЕ  
РІЙ

# 36 - Wandelen

```
К Ф А Ґ Г В Р Т С В А О Г
Е И И Є О Ф А П А А Ж Ґ Є А
М С К К Р Х Ж А И М Ю Є Ю П
П Т Е Р А Ю К Е Р І Н Ц Ґ О
І И П Ь А Ґ И П Ц Т А Є А Г
Н Я З М Т П Й В Д Н Д У К О
Г Б Е Ж Ц Я С В И М О Т В Д
Ч О Б О Т И У І К Л В С О А
Е Щ Е Ф А Х У Н И Р А В Т Д
Д В Н И М Т К Е Й Є Т Ц О О
Ш Д Ж І І Р Р М Ж Є С Т Г Р
А А І Х Л Л Щ А В Л Є В Д И
Т Н В Щ К Ч В К К М Ч Ґ І Р
О Р І Є Н Т А Ц І Я Є О П П
```

| | |
|---|---|
| ГОРА | ПАРКИ |
| ТВАРИН | КАМЕНІ |
| НЕБЕЗПЕКИ | САМІТ |
| КАРТА | ПІДГОТОВКА |
| КЕМПІНГ | ВОДА |
| КЛІМАТ | ПОГОДА |
| ЧОБОТИ | ДИКИЙ |
| ВТОМИВСЯ | СОНЦЕ |
| ПРИРОДА | ВАЖКИЙ |
| ОРІЄНТАЦІЯ | |

# 37 - Filantropie

```
Г Р О М А Д А І Л Ю Р Ж Р Щ
И Я І С І М Г Х С Ю Ц Ш Б С
М О Л О Д Ь С С Р Т Д Д Ь Х
А В І Ф І Н А Н С И О И Т Ж
Р Т Ц Д Р Т Л О Н І П Р С И
Г С Л Д Щ С Ь С В П И О І Є
О Д Ь І Д Ф Т Ю Х Л М Ж Н Я
Р Ю И Т К А Т Н О К Е Р С А
П Л Й И Н Ь Л А Б О Л Г Е І
П К О Ш Т И П У Р Г Б Ф Ч І
К Р Й И К Ь С Д А М О Р Г Д
Щ Е Д Р І С Т Ь Е М Р П Ь К
Х Я П Е Ж Е Ц М И Ч П Б Ц Х
Ч Б Л А Г О Д І Й Н І С Т Ь
```

| | |
|---|---|
| КОНТАКТИ | ДІТИ |
| ЦІЛІ | БЛАГОДІЙНІСТЬ |
| ЧЕСНІСТЬ | ЛЮДИ |
| ФІНАНСИ | ЛЮДСТВО |
| КОШТИ | МІСІЯ |
| ГРОМАДА | ПРОГРАМИ |
| ІСТОРІЯ | ГРОМАДСЬКИЙ |
| ГЛОБАЛЬНИЙ | ПРОБЛЕМИ |
| ГРУПИ | ЩЕДРІСТЬ |
| МОЛОДЬ | |

# 38 - Landen #1

```
Б  І  І  П  Л  Ф  К  И  Г  Ф  У  І  Ґ  Б
Е  З  С  Д  А  Л  А  Г  Е  Н  Е  С  Ь  Р
Л  Р  П  П  Т  Є  М  О  Ґ  Ґ  А  Є  У  А
Ь  А  А  Р  В  Ч  Б  О  А  Ґ  Х  Ц  Ф  З
Г  Ї  Н  У  І  Г  О  Є  Г  И  П  Е  Т  И
І  Л  І  М  Я  Р  Д  Т  Ц  Б  И  Т  Щ  Л
Я  Ь  Я  У  М  Є  Ж  С  Ж  Л  К  Т  К  І
А  Д  А  Н  А  К  А  А  Р  Н  Л  О  Я  Я
П  Ь  В  І  И  А  У  Г  А  Р  А  К  І  Н
Д  О  Б  Я  Т  Р  О  Б  Ш  Ж  М  К  Л  П
Щ  Д  Л  В  Я  І  В  І  Л  П  А  О  А  Т
Ч  Р  Р  Ь  О  Л  Щ  Л  Т  Я  Н  Р  Т  Ф
Б  Ф  Р  И  Щ  М  Д  И  И  Ш  А  А  І  Г
О  Ю  Є  С  Є  А  Е  Ч  Є  В  П  М  К  А
```

| | |
|---|---|
| БЕЛЬГІЯ | ЛАТВІЯ |
| БРАЗИЛІЯ | ЛІВІЯ |
| КАМБОДЖА | МАРОККО |
| КАНАДА | НІКАРАГУА |
| ЧИЛІ | ПАНАМА |
| ЄГИПЕТ | ПОЛЬЩА |
| ІРАК | РУМУНІЯ |
| ІЗРАЇЛЬ | СЕНЕГАЛ |
| ІТАЛІЯ | ІСПАНІЯ |

# 39 - Installaties

| Б | П | Г | Е | Б | Ч | Я | Є | Ґ | І | О | Ь | К | Щ |
|---|---|---|---|---|---|---|---|---|---|---|---|---|---|
| К | О | Ь | Ц | Д | А | С | Є | М | Ф | У | Б | В | О |
| Ш | Ж | Т | С | И | Л | М | Є | О | Т | К | Е | І | Ь |
| В | Д | С | А | К | У | Щ | Б | Х | Ш | Ю | К | Т | Н |
| Я | Е | І | П | Н | Т | Щ | С | У | Т | К | А | К | І |
| Г | Р | Н | С | Л | І | Ш | О | Т | К | Ж | Л | А | Р |
| О | Е | Н | Ч | О | Ю | К | Д | О | Б | Р | И | В | О |
| Д | В | И | М | Р | Ґ | Щ | А | Б | А | К | Я | А | К |
| А | О | Л | К | В | А | С | О | Л | Я | В | Т | Р | П |
| Я | Т | С | И | Л | Ь | І | К | Д | Г | Ц | Р | Т | Л |
| Д | Т | О | Л | Ь | Ґ | Л | Н | П | Ь | У | А | Ч | В |
| Щ | Т | Р | В | Т | Д | Ф | Л | О | Р | А | В | В | Ж |
| Щ | К | С | Є | Е | Ф | Ґ | Т | Д | Е | Б | А | Ґ | Т |
| Ц | У | Б | О | Д | Ю | Ґ | Ч | Г | Щ | Е | Т | Ф | Ч |

БАМБУК
ЯГОДА
ЛИСТ
КВІТКА
ДЕРЕВО
КВАСОЛЯ
ЛІС
КАКТУС
ФЛОРА
ЛИСТЯ

ТРАВА
ПЛЮЩ
ТРАВ
ДОБРИВО
МОХ
БОТАНІКА
КУЩ
САД
РОСЛИННІСТЬ
КОРІНЬ

# 40 - Oceaan

```
Р Т У Н Е Ц Ь Д В Ч Ш А В И
И О О О Я Я Д У О Я А К О В
Ф Я Г Є Ь С М Л Д Ц Р У С Ч
В Ц С У І А Н Ю О П Ь Л Ь Е
Б И Н Е В О Ч Я Р У Б А М Р
П Р И П Л И В И О Н А Ф И Е
К Т Х Щ І Ь Р Ю С Л Р А Н П
Р С Є Г У Б К А Т Х К М І А
Е У Г Ґ Щ Ц Я З Е К И Т Г Х
В П С Ґ У Ю М У Й С Г К Ч А
Е Ю С Р И Б А Д М Ж І Т Є А
Т Х Н І Ф Ь Л Е Д Щ Т Л И Б
К Ф Ш Р Т В О М Б Е Ф Я Ь Ц
И Ш К О Р А Л О В И Й Ш Д Є
```

| | |
|---|---|
| ВУГОР | ВОСЬМИНІГ |
| ВОДОРОСТЕЙ | УСТРИЦЯ |
| ЧОВЕН | РИФ |
| ДЕЛЬФІН | ЧЕРЕПАХА |
| КРЕВЕТКИ | ГУБКА |
| ПРИПЛИВИ | БУРЯ |
| АКУЛА | ТУНЕЦЬ |
| КОРАЛОВИЙ | РИБА |
| КРАБ | КИТ |
| МЕДУЗА | СІЛЬ |

# 41 - Landen #2

| | | | | | | | | | | | | |
|---|---|---|---|---|---|---|---|---|---|---|---|---|
| Е | О | Л | Я | І | Д | Н | А | Л | Р | І | Г | Ь | Ґ |
| Д | Ф | Ю | І | Б | О | И | А | Н | Ї | А | Р | К | У |
| А | І | І | Н | Б | Ц | Ю | Д | Л | А | П | Е | Н | Р |
| Н | Н | Б | О | К | Е | Є | Д | И | П | Х | Ц | Ч | О |
| І | Д | І | П | П | Ю | Р | Р | К | Ф | А | І | Ш | С |
| Я | О | Л | Я | Х | І | Ґ | І | Х | Е | Д | Я | Т | І |
| І | Н | А | І | Д | Ш | Я | Р | Я | Ж | Н | Я | Л | Я |
| Ц | Е | О | Р | І | В | Г | М | Г | О | А | І | П | І |
| Н | З | С | И | С | Ю | В | Е | У | М | Г | З | Я | Р |
| А | І | Т | С | І | Ю | Е | Б | О | Щ | У | Й | В | Е |
| Р | Я | С | О | М | А | Л | І | И | Е | Ч | А | Р | Г |
| Ф | Л | Ф | У | П | Л | І | В | А | Н | И | Л | Ч | І |
| К | Ь | А | С | Т | О | С | Щ | Т | Г | Ч | А | Ґ | Н |
| Ч | А | Ґ | А | У | А | К | И | С | К | Е | М | Ч | Ц |

ДАНІЯ
ЕФІОПІЯ
ФРАНЦІЯ
ГРЕЦІЯ
ІРЛАНДІЯ
ІНДОНЕЗІЯ
ЯПОНІЯ
КЕНІЯ
ЛАОС
ЛІВАН

ЛІБЕРІЯ
МАЛАЙЗІЯ
МЕКСИКА
НЕПАЛ
НІГЕРІЯ
УГАНДА
УКРАЇНА
РОСІЯ
СОМАЛІ
СИРІЯ

# 42 - Bloemen

| | | | | | | | | | | | | | |
|---|---|---|---|---|---|---|---|---|---|---|---|---|---|
| Ь | А | Ж | Е | Ю | У | П | Л | К | М | А | К | Т | Р |
| С | Ж | А | І | Д | К | Е | Ц | У | І | Н | И | Ю | Р |
| К | Щ | С | Е | Н | Р | Л | Ґ | Л | Ш | И | Н | Л | Ю |
| У | Я | М | Ґ | Г | О | Ю | Є | Ь | Ж | Ш | Ш | Ь | Ґ |
| Р | Е | И | П | Р | М | С | В | Б | И | Ю | Я | П | Ґ |
| П | Д | Н | Ф | Ь | А | Т | Є | А | Ж | Н | Н | А | І |
| Б | І | М | Є | Ж | Ш | К | Б | Б | К | О | О | Н | Б |
| У | Х | В | В | А | К | А | Х | А | Р | К | С | В | І |
| К | Р | Є | О | Д | А | И | В | Б | У | З | О | К | С |
| Е | О | А | Д | Н | А | В | А | Л | Ф | Ж | Р | Ф | К |
| Т | В | В | П | Я | І | Р | Е | М | Ю | Л | П | Ю | У |
| М | М | Ч | Т | О | Р | Я | І | Л | І | Л | Ю | А | С |
| О | М | У | Ю | Р | Г | А | Р | Д | Е | Н | І | Я | Є |
| Ц | П | О | Г | Т | М | А | Г | Н | О | Л | І | Я | К |

ПЕЛЮСТКА
БУКЕТ
ГАРДЕНІЯ
ГІБІСКУС
ЖАСМИН
КОНЮШИНА
ЛАВАНДА
ЛІЛІЯ
БУЗОК
РОМАШКА

МАГНОЛІЯ
ОРХІДЕЯ
КУЛЬБАБА
МАК
ПІВОНІЯ
ПЛЮМЕРІЯ
ТРОЯНДА
ТЮЛЬПАН
СОНЯШНИК

# 43 - Huisdieren

| Ч | Ю | С | Ч | Б | Я | Р | Ґ | Є | Х | Р | И | Б | А |
|---|---|---|---|---|---|---|---|---|---|---|---|---|---|
| Е | К | О | М | І | Р | Щ | Д | Н | Х | В | Т | Ч | Ж |
| Р | Б | М | Є | Ь | Я | О | І | И | І | Г | І | Ґ | Ї |
| Е | Ч | Н | Ж | Г | Е | Ф | О | Р | Н | И | И | С | В |
| П | Ь | Б | Я | П | М | Ж | Л | Ж | К | П | П | С | Т |
| А | Г | У | П | А | П | М | Ф | В | И | А | І | Х | Ч |
| Х | В | Ю | Р | Ч | Щ | Ж | Я | Р | Л | Л | Ю | П | В |
| А | Д | О | В | Ш | Я | Н | Е | Ш | О | К | Д | Ш | Л |
| П | Г | Д | Р | К | О | М | Ш | Ґ | Р | К | И | Ф | С |
| Е | А | Ш | В | О | С | И | О | І | К | Я | М | О | Х |
| С | И | Х | Б | А | К | Ш | І | К | А | І | Ь | М | О |
| Ф | Я | Ь | Є | Ґ | У | А | Ц | У | Ц | Е | Н | Я | Н |
| Я | С | Т | Ч | М | А | І | П | Ж | И | Н | Ш | О | Р |
| В | Е | Т | Е | Р | И | Н | А | Р | К | О | З | А | С |

ВЕТЕРИНАР
КОЗА
ЯЩІРКА
ХОМ'ЯК
ПЕС
КІШКА
КОШЕНЯ
КОРОВА
КРОЛИК
КОМІР

МИША
ПАПУГА
ЛАПИ
ЦУЦЕНЯ
ЧЕРЕПАХА
ХВІСТ
РИБА
ЇЖА
ВОДА

# 44 - Landschappen

| | | | | | | | | | | | | |
|---|---|---|---|---|---|---|---|---|---|---|---|---|
| Б | О | Л | О | Т | О | Р | Е | З | О | Ю | Д | Ш | В |
| П | Ґ | У | Г | У | В | Х | И | Ш | Б | Ю | Ш | Ж | И |
| И | У | А | Я | Я | А | У | А | А | Р | Е | Ч | Е | П |
| О | Д | С | Є | Л | Е | В | Л | І | О | И | К | Р | В |
| Д | А | Ф | Т | Н | М | Б | П | К | Г | Ґ | К | Ь | Е |
| Ч | Г | З | Р | Е | З | Й | Е | Г | А | К | Ч | І | Р |
| Ч | Ю | Ю | И | Ф | Л | Ж | А | Т | П | Н | Т | У | О |
| Г | О | Р | А | С | С | Я | Ю | Ь | І | А | У | Н | М |
| К | У | Я | А | Н | И | Л | О | Д | Б | Е | Н | Е | М |
| В | Х | Р | П | Є | В | П | Щ | А | Ц | К | Д | Ґ | Н |
| А | Й | С | Б | Е | Р | Г | А | Ф | Щ | О | Р | В | І |
| Н | Н | М | В | О | Д | О | С | П | А | Д | А | И | Ь |
| П | І | В | О | С | Т | Р | І | В | І | Р | Т | С | О |
| Ч | Х | Я | Л | Ь | О | Д | О | В | И | К | У | А | Щ |

| | |
|---|---|
| ГОРА | ОКЕАН |
| ОСТРІВ | РІЧКА |
| ГЕЙЗЕР | ПІВОСТРІВ |
| ЛЬОДОВИК | ПЛЯЖ |
| ПЕЧЕРА | ТУНДРА |
| ПАГОРБ | ДОЛИНА |
| АЙСБЕРГ | ВУЛКАН |
| ОЗЕРО | ВОДОСПАД |
| БОЛОТО | ПУСТЕЛЯ |
| ОАЗИС | МОРЕ |

# 45 - Tuin

```
Г А М А К П Ж Ж А Р В Ш Б Ф
Г Р А Б Л І А Ш Л А Н Г У Р
К Р В Л Д П Р С Ж Е Б Р У
У К А К О Н А Г К А Р А Я К
Щ В Р О В П Г И С А Д Т Н Т
Е І Т В Е Л А Ч Ж Т Н У І О
Л Т Ш А Р Х Ь Т Х Е О Т В В
О К А Т Е Є Х Р А Р З П О И
З А Р С Д Л А В А А А Е М Й
А П М Т Ф Є Ь Д І С Г Ґ Є С
І Ю Н Ь С Т Є И В А В Ч А А
Ь М Н Г И Б Н Е Х И І И Є Д
Л Е Р Г Щ Ч Х Ш Є Я Я Е Ф В
С Р І Ч В Ц Є Н Є Б Ц О Г Х
```

| | |
|---|---|
| ЛАВА | БУР'ЯНІВ |
| КВІТКА | ЛОПАТА |
| ДЕРЕВО | ШЛАНГ |
| ФРУКТОВИЙ САД | КУЩ |
| ГАРАЖ | ТЕРАСА |
| ГАЗОН | БАТУТ |
| ТРАВА | САД |
| ГАМАК | ГАНОК |
| ГРАБЛІ | СТАВОК |
| ПАРКАН | ЛОЗА |

# 46 - Beroepen #2

| | | | | | | | | | | | | | |
|---|---|---|---|---|---|---|---|---|---|---|---|---|---|
| И | Е | К | И | Н | В | І | Д | А | С | Б | И | І | Є |
| Я | Х | В | Д | Ф | Х | Л | К | Б | Ц | І | Т | Щ | Є |
| Ю | У | Ч | О | І | Щ | Ю | Д | Г | І | О | С | В | А |
| Ю | Д | И | С | Л | В | С | Ґ | Е | Ю | Л | І | И | С |
| Х | О | Т | Л | О | Г | Т | Д | Ф | В | О | Л | Т | А |
| І | Ж | Е | І | С | Ф | Р | П | Б | У | Г | А | К | Ю |
| Р | Н | Л | Д | О | Ю | А | І | Н | Ж | Е | Н | Е | Р |
| У | И | Ь | Н | Ф | Ю | Т | Р | Ц | Ь | Р | Р | Т | Е |
| Р | К | К | И | С | С | О | Ь | Г | Ф | В | У | Е | М |
| Г | Р | А | К | І | Л | Р | Ц | Р | О | Г | Ж | Д | Р |
| Ч | Л | І | Н | Г | В | І | С | Т | Г | Т | И | П | Е |
| П | І | Л | О | Т | І | Л | Ґ | У | Т | И | О | М | Ф |
| Б | І | Б | Л | І | О | Т | Е | К | А | Р | О | Ф | Ж |
| С | Т | О | М | А | Т | О | Л | О | Г | Е | С | Ч | С |

ЛІКАР
БІБЛІОТЕКАР
БІОЛОГ
ФЕРМЕР
ХІРУРГ
ДЕТЕКТИВ
ФІЛОСОФ
ФОТОГРАФ
ІЛЮСТРАТОР

ІНЖЕНЕР
ЖУРНАЛІСТ
ВЧИТЕЛЬ
ЛІНГВІСТ
ДОСЛІДНИК
ПІЛОТ
ХУДОЖНИК
СТОМАТОЛОГ
САДІВНИК

# 47 - Dagen en Maanden

| Н | Д | И | О | Ч | Ю | І | Л | Л | С | Р | Я | Ь | П |
|---|---|---|---|---|---|---|---|---|---|---|---|---|---|
| Ф | П | У | Є | Х | П | О | И | И | І | Л | І | І | О |
| Ж | О | В | Т | Е | Н | Ь | С | П | Ч | Ю | Ю | К | Н |
| Ч | Е | Т | В | Е | Р | Н | Т | Е | Е | Т | Е | Ц | Е |
| П | Г | Я | Р | Ш | П | Е | О | Н | Н | И | Я | Т | Д |
| Т | Я | Ж | А | Р | У | З | П | Ь | Ь | Й | Ф | Ґ | І |
| И | С | Т | Д | Л | Ф | Е | А | Т | О | Б | У | С | Л |
| Ж | Е | Ф | Н | Д | Г | Р | Д | Д | Щ | Ц | Є | Б | О |
| Д | Р | М | Е | И | Е | Е | Є | В | Е | І | Р | И | К |
| Е | П | І | Л | Ч | Ц | Б | Ц | Б | Ґ | Р | О | Г | Д |
| Н | Е | С | А | Р | П | Я | Я | Л | І | Д | Е | Н | Л |
| Ь | Н | Я | К | В | І | В | Т | О | Р | О | К | С | М |
| Ь | Ь | Ц | В | Е | Р | Е | С | Е | Н | Ь | Ц | Б | Х |
| Б | П | Ь | М | Ч | Ч | Е | Р | В | Е | Н | Ь | К | Щ |

| | |
|---|---|
| СЕРПЕНЬ | ПОНЕДІЛОК |
| ВІВТОРОК | БЕРЕЗЕНЬ |
| ЧЕТВЕР | ЛИСТОПАД |
| ЛЮТИЙ | ЖОВТЕНЬ |
| РІК | ВЕРЕСЕНЬ |
| СІЧЕНЬ | П'ЯТНИЦЯ |
| ЛИПЕНЬ | ТИЖДЕНЬ |
| ЧЕРВЕНЬ | СЕРЕДА |
| КАЛЕНДАР | СУБОТА |
| МІСЯЦЬ | НЕДІЛЯ |

# 48 - Beeldende Kunsten

```
П  С  У  Ю  К  Ф  Р  У  Ч  К  А  А  А  Ф
П  К  Б  И  С  І  И  Ч  Н  А  К  К  Х  О
О  Л  В  Н  Л  Л  Ь  П  Е  Р  И  Е  Р  Т
Р  А  Н  Г  Ф  Ь  С  Є  Ю  У  Н  Г  Я  О
Т  Д  Б  М  В  М  У  Ф  Ю  Т  Ж  Н  Т  Г
Р  Ь  Я  К  Р  Е  Й  Д  А  К  О  Ґ  Е  Р
Е  В  Т  Е  А  Н  И  Л  Г  Е  Д  Т  Р  А
Т  І  П  С  К  У  Л  Ь  П  Т  У  Р  А  Ф
Ь  С  Х  О  І  Ш  Х  Г  Ш  І  Х  Е  Ф  І
М  К  И  С  М  Ч  Е  О  Щ  Х  Ц  Б  А  Я
Л  А  К  Д  А  Ж  Р  Д  Є  Р  И  Ь  Р  Е
Ц  Т  И  Х  Р  Ь  Ь  О  Е  А  Ґ  Л  Т  Р
И  Б  І  Є  Е  Д  Д  Н  В  В  Я  О  Щ  Н
Б  И  Б  М  К  Ц  Б  С  Н  Т  Р  М  А  О
```

 АРХІТЕКТУРА
ХУДОЖНИК
СКУЛЬПТУРА
ТВОРЧІСТЬ
МОЛЬБЕРТ
ФІЛЬМ
ФОТОГРАФІЯ
КЕРАМІКА
ГЛИНА

КРЕЙДА
ШЕДЕВР
РУЧКА
ПОРТРЕТ
СКЛАД
ТРАФАРЕТ
ЛАК
ВІСК

# 49 - Mode

| | | | | | | | | | | | | | |
|---|---|---|---|---|---|---|---|---|---|---|---|---|---|
| Т | Е | Н | Д | Е | Н | Ц | І | Я | Г | Ж | Т | С | П |
| М | Е | Р | Е | Ж | И | В | О | І | А | П | Е | К | Щ |
| Щ | Й | И | Н | С | А | Ч | У | С | И | Я | К | Р | Е |
| В | И | Щ | Б | И | Т | Ж | Я | А | Я | Д | С | О | Р |
| І | Т | Л | У | К | Ф | И | У | Г | Н | О | Т | М | Е |
| З | С | А | Т | П | О | Ґ | Л | Б | Н | Р | У | Н | Л |
| Е | О | Н | И | О | Ю | М | С | Ь | А | О | Р | И | Е |
| Р | Р | І | К | Н | А | Ь | Ф | Ю | В | Г | А | Й | Г |
| У | П | Г | А | К | Н | В | Я | О | Ю | О | И | В | А |
| Н | Й | И | Н | Ч | И | Т | К | А | Р | П | Ч | Г | Н |
| О | Т | Р | М | К | Н | Ь | Ь | М | І | Т | Ю | Я | Т |
| К | Р | О | В | Д | А | Г | И | Е | М | Ц | Н | Д | Н |
| Р | Р | Б | М | А | К | В | И | Ш | И | В | В | О | И |
| Н | У | Р | Ц | Ц | Т | Ш | Ш | С | В | Е | Д | Ю | Й |

ВИМІРЮВАННЯ
СКРОМНИЙ
ВИШИВКА
КОМФОРТНО
ДОРОГО
ПРОСТИЙ
ЕЛЕГАНТНИЙ
МЕРЕЖИВО
ОДЯГ
КНОПКИ

СУЧАСНИЙ
ОРИГІНАЛ
ВІЗЕРУНОК
ПРАКТИЧНИЙ
СТИЛЬ
ТКАНИНА
ТЕКСТУРА
ТЕНДЕНЦІЯ
БУТИК

# 50 - Tuinieren

| | | | | | | | | | | | | | |
|---|---|---|---|---|---|---|---|---|---|---|---|---|---|
| Б | Е | Р | І | А | І | Ї | В | Р | Х | Ж | А | Р | К |
| Б | У | Я | Н | Н | І | С | А | Н | Е | Е | Д | И | В |
| О | М | К | Т | Ш | Ґ | Т | С | О | П | М | О | К | І |
| Т | Щ | Б | Е | Ф | Ц | І | Г | О | Л | О | В | Ф | Т |
| А | К | К | Ж | Т | В | В | Н | Н | К | Ц | Х | Б | К |
| Н | Л | Д | О | Ш | І | Н | А | Ь | Ґ | А | А | Ц | О |
| І | І | Б | О | Н | Т | И | Л | Є | Х | Р | Р | Ю | В |
| Ч | М | Р | Ф | Т | Т | Й | Ш | Л | К | Ц | У | Ш | І |
| Н | А | У | Т | Ч | С | Е | Д | П | Ґ | І | Ж | Н | Р |
| И | Т | Д | П | У | И | Л | Й | Л | И | С | Т | Я | Т |
| Й | Р | К | Ю | Щ | Л | С | І | Н | Г | Н | Ю | В | Ґ |
| Е | К | З | О | Т | И | Ч | Н | І | Е | Ч | Ф | И | Щ |
| Р | С | Е | З | О | Н | Н | И | Й | П | Р | С | Д | С |
| Ф | Р | У | К | Т | О | В | И | Й | С | А | Д | Ь | М |

ЛИСТ
КВІТКОВІ
ЦВІТ
ҐРУНТ
БУКЕТ
ФРУКТОВИЙ САД
БОТАНІЧНИЙ
КОМПОСТ
КОНТЕЙНЕР
ЇСТІВНИЙ

ЕКЗОТИЧНІ
ЛИСТЯ
КЛІМАТ
СЕЗОННИЙ
ШЛАНГ
ВИД
ВОЛОГІ
БРУД
ВОДА
НАСІННЯ

# 51 - Menselijk Lichaam

| П | О | Е | Щ | Т | Б | К | С | М | П | Щ | Н | И | Ю |
|---|---|---|---|---|---|---|---|---|---|---|---|---|---|
| Г | І | Ю | Ь | И | Н | М | Ь | Е | Л | Е | О | М | Ц |
| Щ | Т | Д | С | Н | К | В | Ц | Т | Е | Л | Г | Т | Ш |
| Д | Г | Щ | Б | Г | Е | О | Е | Х | Ч | Е | А | Ч | Ґ |
| Я | И | Ш | Ю | О | Ц | Р | Л | Я | Е | П | Р | Е | Є |
| Н | З | А | К | У | Р | К | А | О | М | А | І | Л | Г |
| К | Р | И | Е | В | Е | І | П | Д | Т | У | К | І | Т |
| Е | О | Ф | К | Щ | С | А | Д | О | О | К | Ш | К | В |
| Р | Р | К | О | З | О | М | М | Д | Р | Т | И | О | У |
| М | Я | Б | Н | И | Х | Т | Щ | Ш | Я | Є | Г | Т | Х |
| Д | Я | Х | У | Г | А | Н | І | Л | О | К | Ь | Ь | О |
| Ґ | Я | В | Л | Ф | Є | І | Г | О | Л | О | В | А | Ц |
| Т | И | Р | Ш | У | Ф | С | Н | А | М | Н | Ц | К | Ю |
| І | Б | Я | Ф | Ж | Г | С | П | Щ | Л | К | Т | Т | Ф |

НОГА
КРОВ
ЛІКОТЬ
ЩИКОЛОТКИ
РУКА
СЕРЦЕ
МОЗОК
ГОЛОВА
ШКІРА
ЩЕЛЕПА

ПІДБОРІДДЯ
КОЛІНА
ШЛУНОК
РОТ
ШИЯ
НІС
ВУХО
ПЛЕЧЕ
ЯЗИК
ПАЛЕЦЬ

# 52 - Energie

```
Ю  Н  Е  В  В  Б  Н  Ф  Ґ  В  Д  Т  Ф  Ч
Ь  Я  М  І  О  А  Н  І  Б  Р  У  Т  Ь  Д
Я  М  В  Т  Д  Т  І  Ч  Ж  Ф  У  С  Ч  Р
Ф  Д  Б  Е  Е  А  В  У  Г  Л  Е  Ц  Ь  А
О  П  Е  Р  Н  Р  Б  Е  Н  З  И  Н  Т  Д
Т  Н  Ч  Р  Ь  Е  Д  И  З  Е  Л  Ь  Е  В
О  Щ  И  Ґ  Н  Я  С  П  Є  П  Е  И  П  И
Н  Й  И  Н  Ч  И  Р  Т  К  Е  Л  Е  Л  Г
У  Т  Ц  В  Т  И  Й  Ц  Л  И  Г  Є  О  У
П  Р  О  М  И  С  Л  О  В  О  С  Т  І  Н
Г  К  И  П  Е  Н  Т  Р  О  П  І  Я  Ч  Ґ
Р  Я  П  А  С  Е  Р  Е  Д  О  В  И  Щ  Е
Е  Г  Н  Р  П  А  Л  И  В  О  В  Я  Щ  Ж
Е  Л  Е  К  Т  Р  О  Н  Б  Я  Ь  Ф  Я  Щ
```

| | |
|---|---|
| БАТАРЕЯ | ВУГЛЕЦЬ |
| БЕНЗИН | ДВИГУН |
| ПАЛИВО | ЯДЕРНИЙ |
| ДИЗЕЛЬ | СЕРЕДОВИЩЕ |
| ЕЛЕКТРИЧНИЙ | ПАР |
| ЕЛЕКТРОН | ТУРБІНА |
| ЕНТРОПІЯ | ТЕПЛО |
| ФОТОН | ВОДЕНЬ |
| ПРОМИСЛОВОСТІ | ВІТЕР |

# 53 - Familie

```
П А Е Щ М И Т І Д І І Ф Щ Д
Н Р Л Ж Ш Т І Ю С Г У Ч Ь І
С Т Е Д Г С Т Б А Б У С Я Д
В С Т Д И О К Ь Т А Б Ч Ч Р
Л Е С Б О Т А Ц Х К О Н У К
Л С П Р Ь К И Л Ч Ч Є І О И
Л Д Д А Н К Ч Н У О Н Х Ф Н
П Ф У Т Ю Ш А Ґ А Д О В У Н
Ц Т Б Ш И К Ю Н З И Л Б О І
У П Л Е М І Н Н И Ц Я В К М
К Ф Е Я В П Ц В Т Ж Н І Ь Е
С Г І П Г Л О О А М У Х Д Л
Ч О Л О В І К Ю М Л М Р Я П
Ш Н А Н О В Т С Н И Т И Д С
```

| | |
|---|---|
| БРАТ | ПЛЕМІННИЦЯ |
| ДОЧКА | ДЯДЬКО |
| БАБУСЯ | ДІД |
| ДИТИНСТВО | ТІТКА |
| ДИТИНА | БЛИЗНЮКИ |
| ДІТИ | БАТЬКО |
| ОНУК | ПРЕДОК |
| ЧОЛОВІК | ДРУЖИНА |
| МАТИ | СЕСТРА |
| ПЛЕМІННИК | |

# 54 - Gebouwen

```
Т Р О В Т С Ь Л О С О П Т М
Е М Р В Ж У Д Л О Г Ц К Е Г
Т Т В Е Ж П С Ф Е Р М А А О
И У І И Ф Е Ф Т Ф Т Л С Т Б
С А Р А Й Р А Л А М О Ґ Р С
Р Л Ж Ж Е М Б І Р Д Я Г Л Е
Е О А Е З А Р К И Х І Б Б Р
В К В В У Р И А Т Є І О К В
І Ш О Ю М К К Р Р Ґ Ж Щ Н А
Н У К М Р Е А Н А О Ґ Д Л Т
У Ґ І Ш А Т Я Я В В Х Ь Ж О
Б Ф Н М Ь З Д Р К Ю Ф Є Ь Р
И Є О К А Б І Н А У Ю Е О І
Д Ь Ю Н Н А М Е Т О Я Е А Я
```

ПОСОЛЬСТВО
КВАРТИРА
КІНО
ФЕРМА
КАБІНА
ФАБРИКА
ГОТЕЛЬ
ЗАМОК
МУЗЕЙ
ОБСЕРВАТОРІЯ

ШКОЛА
САРАЙ
СТАДІОН
СУПЕРМАРКЕТ
НАМЕТ
ТЕАТР
ВЕЖА
УНІВЕРСИТЕТ
ЛІКАРНЯ

# 55 - Kunst

| З | А | П | А | Л | Е | Н | И | Й | А | Р | Е | Г | Б |
|---|---|---|---|---|---|---|---|---|---|---|---|---|---|
| О | О | У | Ґ | Л | Л | Ь | Г | І | Ц | Н | Ш | В | Ч |
| С | С | Р | Ч | Х | І | Х | Ф | Р | Є | Ю | Ш | Я | Я |
| К | С | О | И | Е | Ч | Й | И | Т | С | О | Р | П | Є |
| У | Ю | Й | Б | Г | С | Н | Ч | С | П | У | В | С | І |
| Л | Р | И | М | И | І | Н | Д | А | Л | К | С | Ш | В |
| Ь | Р | Н | Ю | Ф | С | Н | И | Н | В | В | Т | Б | И |
| П | Е | Д | Я | Ю | Т | Т | А | Й | Р | Ч | Е | С | Ж |
| Т | А | А | І | С | И | Т | И | Л | О | В | М | И | С |
| У | Л | Л | З | А | Р | И | В | Й | Р | М | Д | І | Ю |
| Р | І | К | Е | Р | А | М | І | Ч | Н | І | Е | Ф | С |
| А | З | С | О | Т | В | О | Р | И | Т | И | Р | М | Ю |
| Ч | М | Ф | П | К | А | Р | Т | И | Н | И | П | Е | У |
| Г | Ф | Е | В | І | З | У | А | Л | Ь | Н | И | Й | Л |

СКУЛЬПТУРА
СКЛАДНИЙ
ТВОРИТИ
ПРОСТИЙ
ЧЕСНИЙ
ЗАПАЛЕНИЙ
НАСТРІЙ
КЕРАМІЧНІ
ПРЕДМЕТ

ОРИГІНАЛ
ОСОБИСТИЙ
ПОЕЗІЯ
СКЛАД
КАРТИНИ
СЮРРЕАЛІЗМ
СИМВОЛ
ВИРАЗ
ВІЗУАЛЬНИЙ

# 56 - Beroepen #1

```
М  Г  Л  Т  А  Н  Ц  Ю  Р  И  С  Т  Б  Ю
В  О  К  А  Р  Т  О  Г  Р  А  Ф  С  Л  В
Ч  Л  Н  І  С  П  О  Р  Т  С  М  Е  Н  Е
Е  О  В  О  П  І  А  Н  І  С  Т  Ф  Ф  Л
Н  Х  Е  А  Р  Т  С  Е  С  Д  Е  М  А  І
И  И  Т  М  О  Т  Т  Е  Ф  У  П  Ґ  Р  Р
Й  С  Е  И  Т  Н  С  Ф  В  У  О  Ц  М  І
П  П  Р  С  К  А  Л  А  Ш  Е  С  Г  А  К
Г  Д  И  Л  А  К  Ш  І  Д  Т  О  Е  Ц  Н
Е  В  Н  И  Д  И  Р  А  К  В  Л  У  Е  А
О  І  А  В  Е  З  А  Ю  У  А  О  О  В  Б
Л  А  Р  Е  Р  У  Х  Ь  М  Г  Р  К  Т  Ж
О  Ц  Я  Ц  У  М  Х  И  У  Г  О  О  А  Щ
Г  Б  Ш  Ь  С  А  Н  Т  Е  Х  Н  І  К  Т
```

АДВОКАТ  
ПОСОЛ  
ФАРМАЦЕВТ  
АСТРОНОМ  
СПОРТСМЕН  
БАНКІР  
КАРТОГРАФ  
ТАНЦЮРИСТ  
ВЕТЕРИНАР  
ЛІКАР  

РЕДАКТОР  
ГЕОЛОГ  
МИСЛИВЕЦЬ  
ЮВЕЛІР  
САНТЕХНІК  
МУЗИКАНТ  
ПІАНІСТ  
ПСИХОЛОГ  
МЕДСЕСТРА  
ВЧЕНИЙ

# 57 - Antarctica

```
Є  Л  В  У  Ф  А  Т  О  С  Т  Р  І  В  С
Н  Я  І  Ц  И  Д  Е  П  С  К  Е  Щ  М  Е
І  Н  Р  Ч  Н  О  М  Х  И  А  К  Е  П  Р
Д  Н  Т  Ю  І  В  П  Р  Р  І  У  В  Ш  Е
І  Е  С  І  В  Ц  Е  С  А  Ж  А  Н  Л  Д
Н  Ж  О  А  Г  Я  Р  П  М  Ж  Ц  А  Ь  О
Д  Е  В  Ф  Н  С  А  Т  Х  У  Б  У  О  В
Л  Р  І  Ь  І  А  Т  Б  І  Ґ  Ш  К  Д  И
Л  Е  П  М  П  Г  У  У  М  Н  Б  О  О  Щ
І  Б  Я  І  Ф  А  Р  Г  О  Е  Г  В  В  Е
Д  З  Е  Я  І  Ц  А  Р  Г  І  М  И  И  Я
Ч  Ч  Д  О  С  Л  І  Д  Н  И  К  Й  К  Х
Ч  Х  М  І  Н  Е  Р  А  Л  И  Я  С  І  И
Т  О  П  О  Г  Р  А  Ф  І  Я  Е  А  В  Н
```

| | |
|---|---|
| БУХТА | СЕРЕДОВИЩЕ |
| ЗБЕРЕЖЕННЯ | ДОСЛІДНИК |
| ОСТРІВ | ПІНГВІНИ |
| ЕКСПЕДИЦІЯ | ПІВОСТРІВ |
| ГЕОГРАФІЯ | ТЕМПЕРАТУРА |
| ЛЬОДОВИКІВ | ТОПОГРАФІЯ |
| ЛІД | ВОДА |
| МІГРАЦІЯ | НАУКОВИЙ |
| МІНЕРАЛИ | ХМАРИ |

# 58 - Ballet

| | | | | | | | | | | | | | |
|---|---|---|---|---|---|---|---|---|---|---|---|---|---|
| А | І | Н | Т | Е | Н | С | И | В | Н | І | С | Т | Ь |
| П | У | Б | Р | О | Т | И | З | О | П | М | О | К | И |
| Р | Є | Д | А | П | В | Т | Я | Б | Ґ | Ф | В | У | Ф |
| А | Ю | Т | И | Л | Л | Є | М | Р | Ч | М | Ц | Ь | Д |
| К | Х | Е | М | Т | Е | Ґ | В | С | Т | И | Л | Ь | О |
| Т | У | Х | К | Ь | О | Р | Т | С | Е | К | Р | О | П |
| И | Д | Н | Ж | Р | Ф | Р | И | Ь | У | І | Н | А | Л |
| К | О | І | Е | М | Е | Х | І | Н | С | Ь | А | М | Е |
| А | Ж | К | С | Я | Г | Ш | Л | Я | А | К | В | С | С |
| В | Н | А | Т | Р | И | Т | М | М | І | Р | И | Ю | К |
| В | І | Т | С | И | Р | Ю | Ц | Н | А | Т | Ч | Щ | И |
| Х | Й | И | Н | З | А | Р | И | В | К | І | К | Ґ | Щ |
| Ю | И | К | Л | Ц | М | У | З | И | К | А | А | Ф | Ф |
| Х | Х | О | Р | Е | О | Г | Р | А | Ф | І | Я | Я | І | О |

ОПЛЕСКИ
ХУДОЖНІЙ
БАЛЕРИНА
ХОРЕОГРАФІЯ
КОМПОЗИТОР
ТАНЦЮРИСТІВ
ВИРАЗНИЙ
ЖЕСТ
ІНТЕНСИВНІСТЬ

МУЗИКА
ОРКЕСТР
ПРАКТИКА
АУДИТОРІЯ
РИТМ
М'ЯЗИ
СТИЛЬ
ТЕХНІКА
НАВИЧКА

# 59 - Fruit

```
Д  Е  І  О  П  П  В  Д  Б  М  О  Т  П  Ь
С  У  Д  К  Ф  А  М  И  Т  А  И  Я  С  У
Е  Л  Я  У  Р  П  А  С  Н  Ц  Ф  Д  Ґ  Ш
Ґ  А  А  Л  О  А  Л  Л  Я  О  Р  Ш  Л  П
Ф  И  Ш  Б  Ж  Й  И  И  Ч  Ґ  Г  Ю  Р  Ш
М  Ь  Р  Я  Р  Я  Н  М  Ф  В  І  Р  Ь  Ш
Г  Р  У  Ш  А  И  А  О  У  С  В  Щ  А  Щ
А  Д  О  Г  Я  Д  К  Н  Ч  І  І  Б  Б  Д
Н  В  И  Ш  Н  Я  И  О  Д  А  К  О  В  А
А  П  Е  Р  С  И  К  Н  С  Т  Ш  Г  Н  Ю
Н  И  Р  А  Т  К  Е  Н  Я  Б  А  Н  А  Н
А  С  Л  И  В  А  Я  Щ  Е  Б  М  А  Ь  Е
С  О  К  О  К  В  І  Г  К  Я  Ш  М  Ю  Х
О  Р  А  Н  Ж  Е  В  И  Й  Г  Х  И  Є  М
```

| | |
|---|---|
| АБРИКОС | КІВІ |
| АНАНАС | КОКОС |
| ЯБЛУКО | МАНГО |
| АВОКАДО | ДИНЯ |
| БАНАН | НЕКТАРИН |
| ЯГОДА | ОРАНЖЕВИЙ |
| ЛИМОН | ПАПАЙЯ |
| ВИНОГРАД | ГРУША |
| МАЛИНА | ПЕРСИК |
| ВИШНЯ | СЛИВА |

# 60 - Engineering

```
Л Д Р Д Р Б Ч И П Н Ю Ч Ь С
Б Т І Й І Ш У Р Ґ Т Х Є Т И
М Н Д П Ш А Б Д И З Е Л Ь Л
А Н И Б И Л Г А Ь С І В О А
Р У Н И Я І Г Р Е Н Е И Б Ж
У О А У Р Т Е М А І Д М Е М
Т Щ З С Л М Ф Г И М Є І Р Т
К Ш І Р Ь О А І Л Н А Р Т Е
У О Я С А Р Ю Ш Л Ю Ф Ю А Р
Р Р П В А Х У Р И Р Г В Н Т
Т Ґ Х Т В Ш У Ч Ф Н Б А Н Я
С Д В И Г У Н Н І Ф А Н Я К
Ч Г Е Ь Х Л Ю Л О Т Ц Н Ґ У
П Ц Л Ь Б О Ь Ф У К Ь Я Щ Т
```

| | |
|---|---|
| ВІСЬ | СИЛА |
| РОЗРАХУНОК | МАШИНА |
| РУХ | ВИМІРЮВАННЯ |
| ДІАГРАМА | ДВИГУН |
| ДІАМЕТР | ОБЕРТАННЯ |
| ГЛИБИНА | СТРУКТУРА |
| ДИЗЕЛЬ | РІДИНА |
| ЕНЕРГІЯ | РУШІЙ |
| КУТ | ТЕРТЯ |

# 61 - Literatuur

```
Г  А  Т  Я  І  Д  Е  Г  А  Р  Т  Р  Т  П
В  А  Я  Ш  Р  І  В  Г  Т  Т  Ю  М  У  О
Д  И  З  І  Л  А  Н  А  Д  Д  Е  В  І  Е
Б  Я  Г  Є  Ь  Л  И  Т  С  Ь  Л  М  Д  Т
Ь  Щ  Г  А  К  О  В  О  Н  С  И  В  А  И
Р  И  Т  М  Д  Г  В  Ж  А  И  К  Б  К  Ч
Є  Р  Ф  Л  Г  К  Е  В  М  Р  П  Р  М  Н
Х  К  Ц  С  Ч  Е  А  Ц  О  М  И  И  У  И
М  Е  Т  А  Ф  О  Р  А  Р  Ь  М  М  Д  Й
Є  Ч  А  Д  І  В  О  П  О  Я  Щ  Е  А  Е
Р  Я  Ц  Х  Х  Н  Т  О  Д  К  Е  Н  А  Х
Ґ  Я  Н  Н  Я  Н  В  І  Р  О  П  Ь  Г  Т
С  Є  Б  Я  І  Ф  А  Р  Г  О  І  Б  М  П
А  Н  А  Л  О  Г  І  Я  С  В  І  Х  Б  Ч
```

| | |
|---|---|
| АНАЛОГІЯ | МЕТАФОРА |
| АНАЛІЗ | ПОЕТИЧНИЙ |
| АНЕКДОТ | РИМА |
| АВТОР | РИТМ |
| БІОГРАФІЯ | РОМАН |
| ВИСНОВОК | СТИЛЬ |
| ДІАЛОГ | ТЕМА |
| ВИГАДКА | ТРАГЕДІЯ |
| ВІРШ | ПОРІВНЯННЯ |
| ДУМКА | ОПОВІДАЧ |

# 62 - Boeken

```
А Є І Д Н П П Д О В У Л К Г
Є Щ Я И А Р О К П І П І О Ф
Ю Я І М П И Д І О Д Щ Т Н Т
Ф І Ц Ґ И Г В С В П Д Е Т Ц
Х Р К Ц С О І Т І О Е Р Е Є
С О Е П А Д Й О Д В П А К Р
В Т Л Л Н А Н Р А І О Т С О
А С О Ш А Щ І И Ч Д П У Т М
Ґ І К Р О Ш С Ч П Н Е Р Х А
Є Х К І І П Т Н О І Ї Н И Н
Р О Т В А Н Ь И Е Т Ґ И Ф Ж
К Ф П Ґ М О К Й З Ш Ф Й М Ь
Ч И Т А Ч Т Щ А І І О П Ь О
Х А Р А К Т Е Р Я М О Є Ґ Щ
```

| | |
|---|---|
| АВТОР | ІСТОРИЧНИЙ |
| ПРИГОДА | ХАРАКТЕР |
| СТОРІНКА | ЧИТАЧ |
| КОЛЕКЦІЯ | ЛІТЕРАТУРНИЙ |
| КОНТЕКСТ | ПОЕЗІЯ |
| ПОДВІЙНІСТЬ | ВІДПОВІДНІ |
| ЕПОПЕЇ | РОМАН |
| ВІРШ | ІСТОРІЯ |
| НАПИСАНА | ОПОВІДАЧ |

# 63 - Meer Informatie

| К | Р | Ж | Я | І | Г | О | Л | О | Н | Х | Е | Т | П |
|---|---|---|---|---|---|---|---|---|---|---|---|---|---|
| О | Р | А | К | У | Л | И | Ґ | В | Г | У | Х | А | Л |
| Ґ | Г | А | Л | А | К | Т | И | К | А | Б | Ч | Є | А |
| М | К | Ь | П | Я | Х | К | О | Ж | Т | И | Ш | М | Н |
| В | Є | Є | Р | Л | Л | И | Н | Л | Ф | В | А | Н | Е |
| Я | Б | Ь | Ь | У | И | Н | О | Л | К | В | Ц | И | Т |
| Й | И | Н | Ч | И | Т | С | А | Т | Н | А | Ф | Ч | А |
| І | Ь | О | Е | В | О | О | С | В | І | Т | Х | И | І |
| Р | Ґ | Г | Є | Л | Б | Н | П | Ч | Ш | И | Ц | Й | Л |
| А | Т | О | П | С | О | І | Є | І | Є | Щ | Я | В | Ю |
| Н | И | В | Щ | Л | Р | К | Ж | И | Я | Х | В | Ж | З |
| Е | У | Я | В | Н | И | Й | К | Н | И | Г | И | І | І |
| Ц | А | Н | Т | И | У | Т | О | П | І | Я | Ж | С | Я |
| С | Р | Е | А | Л | І | С | Т | И | Ч | Н | И | Й | И |

КІНО
КНИГИ
ВОГОНЬ
УЯВНИЙ
АНТИУТОПІЯ
ВИБУХ
ФАНТАСТИЧНИЙ
ІЛЮЗІЯ
КЛОНИ
ТАЄМНИЧИЙ

ОРАКУЛ
ПЛАНЕТА
РЕАЛІСТИЧНИЙ
РОБОТИ
СЦЕНАРІЙ
ГАЛАКТИКА
ТЕХНОЛОГІЯ
УТОПІЯ
СВІТ

# 64 - Regenwoud

| В | Ш | Е | Д | Л | Б | Х | М | А | Р | И | Ц | Ф | Р |
|---|---|---|---|---|---|---|---|---|---|---|---|---|---|
| Р | В | И | Ж | И | В | А | Н | Н | Я | М | І | К | Е |
| З | Б | Е | Р | Е | Ж | Е | Н | Н | Я | Ж | Н | Л | С |
| С | С | А | В | Ц | І | Б | А | Ю | И | Щ | Н | І | Т |
| Є | А | Б | Ц | А | Ж | Н | Г | Я | И | С | И | М | А |
| І | М | Р | Ц | О | Ю | Ц | А | Г | Ш | К | Й | А | В |
| А | Д | О | Р | И | Р | П | В | А | Ч | О | Ш | Т | Р |
| Ґ | Я | К | Х | К | І | Я | О | И | П | М | Н | Л | А |
| П | Т | А | Х | Б | О | М | П | Ж | Д | А | Ь | Ь | Ц |
| Ь | Ш | И | А | Ф | П | Р | Ч | Б | Ь | Х | Л | Щ | І |
| Ш | Я | Н | Й | И | Н | Ч | І | Н | А | Т | О | Б | Я |
| П | Р | И | Т | У | Л | О | К | Н | У | Ч | Р | Ж | К |
| Г | Р | О | М | А | Д | А | Ю | Т | Н | Щ | П | К | А |
| Д | Ж | У | Н | Г | Л | І | Ї | І | Б | І | Ф | М | А |

| | |
|---|---|
| АМФІБІЇ | ВИЖИВАННЯ |
| ЗБЕРЕЖЕННЯ | ПОВАГА |
| БОТАНІЧНИЙ | РЕСТАВРАЦІЯ |
| ГРОМАДА | ВИД |
| КОРІННІ | ПРИТУЛОК |
| КОМАХ | ПТАХ |
| ДЖУНГЛІ | ЦІННИЙ |
| КЛІМАТ | ХМАРИ |
| МОХ | ССАВЦІ |
| ПРИРОДА | |

# 65 - Haartypes

```
К Щ Ь П Л Е Т Е Н И Й Е В К
У С С Й И Ч У К С И Л Б Н У
Ч Й Х В И Л Я С Т И Й Б Т Ч
Е И М Х Ж Х Т Д І Ц И И О Е
Р Г Ю Щ Ґ Я У Т П Н К Щ Н Р
Т В Ш И Ь І И С Х Г Я Ю К Я
К О Р И Ч Н Е В И Й М К И В
У Д Щ Ф Т О В С Т И Й О Й И
Й И К Д А Л Г И Ю М Щ Р К Й
Б І Л И Й Б С Н И Д Н О Л Б
Т Щ Щ Х В І Ю І Я Н І Т С М
І Ч Й И Н Р О Ч Р Т Б К Щ П
П И Ш І Ц С Ч Д Й И С И Л Р
З Д О Р О В И Й Ц К Й Й Л Ю
```

| | |
|---|---|
| БЛОНДИН | СІРИЙ |
| КОРИЧНЕВИЙ | ЛИСИЙ |
| ТОВСТИЙ | КОРОТКИЙ |
| СУХИЙ | КУЧЕР |
| ТОНКИЙ | КУЧЕРЯВИЙ |
| ПЛЕТЕНИЙ | ДОВГИЙ |
| ЗДОРОВИЙ | БІЛИЙ |
| ГЛАДКИЙ | М'ЯКИЙ |
| БЛИСКУЧИЙ | СРІБЛО |
| ХВИЛЯСТИЙ | ЧОРНИЙ |

# 66 - Stad

| С | Л | Ч | А | Е | Ь | А | Т | С | И | Р | О | Л | Ф |
|---|---|---|---|---|---|---|---|---|---|---|---|---|---|
| М | Т | У | Л | Ш | А | П | Я | Е | Р | Е | Л | А | Г |
| У | М | А | П | И | К | Т | Н | С | А | Х | Б | Е | Щ |
| З | А | Л | Д | К | Е | Е | Р | Р | Г | Т | Ю | Р | Щ |
| Е | Г | О | Ч | І | Т | К | А | Д | И | Ь | Р | Р | Щ |
| Й | А | К | Г | І | О | А | К | З | К | Н | У | К | Ц |
| Б | З | Ш | Ь | Ю | І | Н | Е | О | П | И | О | Н | Л |
| Ж | И | Я | У | П | Л | М | П | О | Щ | Ґ | Ф | К | И |
| Я | Н | Е | О | Ю | Б | Я | Е | П | Є | С | Л | Н | В |
| І | М | Ю | Ш | Х | І | Ґ | Л | А | Д | О | Ш | А | Ч |
| Є | Г | Я | К | Х | Б | М | Т | Р | К | Р | Ш | Б | С |
| Г | О | Т | Е | Л | Ь | Р | А | К | І | Н | І | Л | К |
| Р | Е | С | Т | О | Р | А | Н | Н | Н | Ж | Щ | Щ | Я |
| А | Е | Р | О | П | О | Р | Т | И | О | Г | К | С | И |

АПТЕКА
ПЕКАРНЯ
БАНК
БІБЛІОТЕКА
КІНО
ФЛОРИСТ
ЗООПАРК
ГАЛЕРЕЯ
ГОТЕЛЬ

КЛІНІКА
АЕРОПОРТ
РИНОК
МУЗЕЙ
РЕСТОРАН
ШКОЛА
СТАДІОН
ТЕАТР
МАГАЗИН

# 67 - Creativiteit

```
Б Ф Ц А Я Н Н Е Н Х Т А Н Б
Е І Н Ч И Т А М А Р Д В Я А
Я К Ж Ґ Ж І В Д В С Л Я П Ч
І Д Е Ї Г Х Я І И Х В У І Е
Х Я С Н І С Т Ь Ч Ґ Р Е А Н
У П О Ч У Т Т Я К Ч А Р Е Н
Д Н П Р Т Ь У О А В Ж Н Д Я
О Ь Т С І Н Ч И Т Н Е Т В А
Ж О С С Н П Д С Г Б Н Ц Х Ю
Н В Н К П Н І Щ Х Ц Н Ф Н Ґ
І В И Р А З В Ц О Ю Я Л А Ц
Й С П О Н Т А Н Н И Й О Є Д
І Н Т Е Н С И В Н І С Т Ь П
Е М О Ц І Ї І Н Т У Ї Ц І Я
```

| | |
|---|---|
| ХУДОЖНІЙ | НАТХНЕННЯ |
| ДРАМАТИЧНІ | ІНТЕНСИВНІСТЬ |
| АВТЕНТИЧНІСТЬ | ІНТУЇЦІЯ |
| ЕМОЦІЇ | СПОНТАННИЙ |
| ВІДЧУТТЯ | ВИРАЗ |
| ПОЧУТТЯ | НАВИЧКА |
| ЯСНІСТЬ | УЯВА |
| ІДЕЇ | БАЧЕННЯ |
| ВРАЖЕННЯ | |

# 68 - Natuur

```
Б Е З Т У Р Б О Т Н И Й Ф Г
С С К Е Л І Т М Ж Ж У Б А Т
В К И В О Д О Ь Л Ж Х Ж Р Щ
Я Р Д И Н А М І Ч Н И Й К Ч
Т А Ґ О И М Т М М С Р Щ Т Д
И С Ц А Р І Ч К А Х А Ч И Т
Л А Е Ч У Д К Х Х В М Т Ч В
И Ф А Р Г О Р И Ь В Х У Н А
Щ П В К О Л У Т И Р П М И Р
Е М И Й М З А Ґ П П І А Й И
Ф Я Й И Н Ч І П О Р Т Н О Н
Ж Ф Т К Б Р Т Я Т С И Л Х П
І Ж Ф И П У С Т Е Л Я І И Ж
Л І Ж Д Б И І Л Ь С Ь С П У
```

| | |
|---|---|
| АРКТИЧНИЙ | СКЕЛІ |
| ГОРИ | ТУМАН |
| БДЖІЛ | РІЧКА |
| ЛІС | КРАСА |
| ТВАРИН | ПРИТУЛОК |
| ДИНАМІЧНИЙ | БЕЗТУРБОТНИЙ |
| ЕРОЗІЯ | ТРОПІЧНИЙ |
| ЛИСТЯ | ДИКИЙ |
| ЛЬОДОВИК | ПУСТЕЛЯ |
| СВЯТИЛИЩЕ | ХМАРИ |

# 69 - Zoogdieren

| Г | Б | Х | Я | И | У | Н | Ф | У | Х | Б | Т | У | Ч |
|---|---|---|---|---|---|---|---|---|---|---|---|---|---|
| Т | О | Й | О | К | В | О | В | Е | В | К | Е | У | И |
| И | Л | Р | Т | В | О | Ц | Ь | О | О | С | Л | О | Н |
| К | И | Є | И | И | П | Ж | Н | Ж | А | Х | Г | Я | Р |
| О | С | Е | П | Л | Ч | Н | І | Ф | Ь | Л | Е | Д | Е |
| С | И | Л | Е | В | А | А | К | О | З | А | Ю | Ж | Б |
| Е | Ц | Ю | Т | Ґ | С | В | Л | Я | С | П | Ж | Щ | О |
| Л | Я | У | Р | У | Г | Н | Е | К | І | В | О | Ф | Б |
| Н | М | Є | И | Г | Щ | К | М | Р | Р | А | Щ | Ч | И |
| О | Г | Ч | Щ | Л | П | К | Р | У | Б | М | Ц | Н | К |
| И | Г | Щ | К | Т | Р | А | Р | О | П | Л | Ю | Щ | Ц |
| Ю | Л | Ш | Ь | К | І | Ш | К | А | Л | Щ | Ю | Ж | Ш |
| Х | Ь | К | Щ | Щ | В | Б | Ф | А | Р | И | Ж | Д | П |
| Ь | Щ | Х | Б | С | И | Г | С | Ю | П | О | К | К | Щ |

МАВПА
БОБЕР
КОЙОТ
ДЕЛЬФІН
ОСЕЛ
КОЗА
ЖИРАФ
ГОРИЛА
ПЕС
ВЕРБЛЮД

КЕНГУРУ
КІШКА
КРОЛИК
ЛЕВ
СЛОН
КІНЬ
БИК
ЛИСИЦЯ
КИТ
ВОВК

# 70 - Overheid

| А | Ж | Д | Ц | И | В | І | Л | Ь | Н | И | Й | Р | К |
|---|---|---|---|---|---|---|---|---|---|---|---|---|---|
| О | Ц | Р | Е | Д | І | Л | Б | Ґ | Ш | Ю | Ц | І | О |
| Н | А | Я | Й | М | С | У | Д | О | В | О | Ї | В | Н |
| М | Д | Ь | И | А | О | С | И | М | В | О | Л | Н | С |
| П | О | І | Н | Ґ | Р | К | М | И | Р | Н | О | І | Т |
| А | Б | В | Ь | Н | Ж | І | Р | П | В | К | Р | С | И |
| М | О | Р | Л | Ц | Н | У | Л | А | Р | Ч | Б | Т | Т |
| Я | В | А | А | Е | І | В | Х | Ю | Т | А | Ш | Ь | У |
| Т | С | Й | Н | Л | Н | О | К | А | З | І | В | К | Ц |
| Н | Ж | О | О | Є | А | Н | А | М | В | Ц | Я | А | І |
| И | О | Н | І | Ж | Т | Є | Я | Н | А | Ц | І | Я | Я |
| К | Г | Ц | Ц | Х | С | Ц | Н | Ч | І | Ґ | Ф | Ь | Л |
| Д | М | Р | А | К | И | Т | І | Л | О | П | Ф | А | Н |
| Я | Ш | Я | Н | Н | Е | Р | О | В | О | Г | Б | О | Ж |

ЦИВІЛЬНИЙ
ДЕМОКРАТІЯ
ОБГОВОРЕННЯ
РІВНІСТЬ
СУДОВОЇ
КОНСТИТУЦІЯ
ЛІДЕР
ПАМ'ЯТНИК
НАЦІЯ
НАЦІОНАЛЬНИЙ

ПОЛІТИКА
ПРАВА
МИРНО
СТАН
СИМВОЛ
МОВЛЕННЯ
СВОБОДА
ЗАКОН
РАЙОН

# 71 - Voertuigen

```
Н  Є  И  Т  Л  Д  Ґ  Н  М  О  Р  О  П  А
Е  Д  Б  У  Ш  Х  Ц  Ц  Ф  Е  Е  Х  Т  В
В  З  Т  А  К  С  І  Ь  Р  Р  Т  Д  І  Т
О  Ї  Г  Н  Ф  Л  Ш  Ь  Л  С  І  Р  Л  О
Ч  О  В  Н  И  К  Ц  В  И  Щ  Л  В  О  М
Л  П  Д  О  Н  Р  А  А  О  В  П  Ґ  Т  О
І  Х  М  Г  И  В  Т  Р  А  К  Т  О  Р  Б
Т  Ч  Ш  Р  Ш  Щ  Е  А  Е  Ж  Т  Г  Е  І
А  П  Т  У  Ґ  И  К  Н  В  Т  М  Ю  В  Л
К  Ю  Ю  Ф  Ь  Р  А  Х  Х  Т  У  Ґ  Я  Ь
Д  В  И  Г  У  Н  Р  І  Ь  Є  О  К  Ж  А
Е  К  А  Р  А  В  А  Н  Ч  Т  А  Б  С  А
В  Е  Л  О  С  И  П  Е  Д  Б  Ш  Ю  У  М
В  А  Н  Т  А  Ж  І  В  К  А  Л  Ь  Ф  С
```

| | |
|---|---|
| АВТОМОБІЛЬ | РАКЕТА |
| ШИНИ | СКУТЕР |
| ФУРГОН | ЧОВНИК |
| ЧОВЕН | ТАКСІ |
| АВТОБУС | ТРАКТОР |
| КАРАВАН | ПОЇЗД |
| ВЕЛОСИПЕД | ПОРОМ |
| ВЕРТОЛІТ | ЛІТАК |
| МЕТРО | ПЛІТ |
| ДВИГУН | ВАНТАЖІВКА |

# 72 - Geografie

| Р | Ч | Н | Р | С | С | С | Л | К | В | Г | Ю | Ь | В |
| П | І | И | Є | В | Е | К | П | Ю | Є | Л | Е | Ь | И |
| І | Н | Ч | Я | І | Ь | А | Н | А | С | И | Ь | Р | С |
| В | В | Н | К | Т | Ш | Р | О | Т | А | В | К | Е | О |
| К | І | А | Щ | А | Ж | Т | І | О | Л | С | Ю | Я | Т |
| У | П | І | У | И | М | А | Г | Р | Т | Є | М | М | А |
| Л | Х | Д | В | Д | О | І | Е | И | А | В | Х | Ч | Н |
| Я | Н | И | О | П | Р | Ч | Р | Ш | Ш | Т | П | Б | Ї |
| Н | Е | Р | Ц | С | Е | Г | П | А | Г | О | Е | Ю | А |
| Т | Н | Е | Н | И | Т | Н | О | К | Ц | Ь | Г | Р | Р |
| Ш | А | М | В | Р | Ґ | Р | Д | Р | Щ | Д | Є | Т | К |
| Л | Е | К | Ц | С | Е | Д | І | Х | А | З | П | Ю | В |
| Д | К | У | А | О | Б | Ю | С | В | Н | Р | Щ | У | Ц |
| Є | О | Т | С | І | М | А | П | І | В | Д | Е | Н | Ь |

АТЛАС
ГОРА
ШИРОТА
КОНТИНЕНТ
ОСТРІВ
ЕКВАТОР
ПІВКУЛЯ
ВИСОТА
КАРТА
КРАЇНА

МЕРИДІАН
ПІВНІЧ
ОКЕАН
РЕГІОН
РІЧКА
МІСТО
СВІТ
ЗАХІД
МОРЕ
ПІВДЕНЬ

# 73 - Kunstbenodigdheden

| | | | | | | | | | | | | |
|---|---|---|---|---|---|---|---|---|---|---|---|---|
| Т | С | Т | О | У | Т | Ф | Щ | Ю | Щ | Й | Н | М | В |
| В | Ґ | Л | Л | А | В | А | К | А | М | Е | Р | А | Т |
| Г | Щ | Ь | І | Н | Т | Р | Е | Б | Ь | Л | О | М | А |
| А | Д | О | В | А | Б | Б | Х | К | Ф | К | О | Л | Ц |
| К | К | Т | Ц | О | Л | И | Н | Р | О | Ч | Т | Д | Ш |
| І | Ф | В | І | Б | Ь | Т | С | І | Ч | Р | О | В | Т |
| Г | І | Х | А | Г | М | И | Т | С | В | Є | А | Е | Н |
| Ь | Л | Я | Ь | Р | Я | Ц | И | Л | Б | А | Т | Є | Г |
| П | Е | И | О | Ґ | Е | І | Ф | О | Щ | К | Ю | В | Ж |
| А | Т | Р | Н | М | О | Л | Г | Є | І | М | Л | Г | В |
| П | С | Е | І | А | У | Я | І | Г | Т | У | Д | Б | О |
| І | А | К | О | Л | Ь | О | Р | И | К | Г | Є | Ч | Б |
| Р | П | Л | Ц | О | І | Д | Е | Ї | А | О | Л | І | Я |
| А | К | Р | И | Л | О | В | И | Й | Р | І | П | М | Х |

| | |
|---|---|
| АКРИЛОВИЙ | КОЛЬОРИ |
| АКВАРЕЛІ | КЛЕЙ |
| ЩІТКА | ОЛІЯ |
| КАМЕРА | ПАПІР |
| ТВОРЧІСТЬ | ПАСТЕЛІ |
| МОЛЬБЕРТ | ОЛІВЦІ |
| ГУМКА | КРІСЛО |
| ІДЕЇ | ТАБЛИЦЯ |
| ЧОРНИЛО | ФАРБИ |
| ГЛИНА | ВОДА |

# 74 - Barbecues

| | | | | | | | | | | | | | |
|---|---|---|---|---|---|---|---|---|---|---|---|---|---|
| О | Б | І | Д | Ц | И | Б | У | Л | Я | Г | Я | Р | К |
| О | В | О | Ч | І | Д | К | В | Е | Ч | Е | Р | Я | У |
| Т | М | У | З | И | К | А | Л | Ч | А | Б | Ц | К | Р |
| І | Ф | З | Щ | Д | Ь | П | С | И | Ґ | О | О | П | К |
| Л | Ц | А | Ь | Б | Ь | Е | С | О | В | Т | Я | С | А |
| И | Р | П | Ц | М | К | Р | Т | К | У | Р | Ф | У | Н |
| Д | Г | Р | Ґ | П | Е | Е | Д | В | Г | С | Ч | Ґ | И |
| Г | Я | О | Е | О | Ч | Ц | У | А | О | О | Т | Х | Д |
| В | Я | Ш | Ь | М | Я | Ь | П | Е | Д | В | Л | І | О |
| Ґ | Н | Е | Н | І | Р | Ч | М | Ф | К | Д | С | О | Р |
| Я | О | Н | Ь | Д | А | Ґ | І | Є | Б | Н | І | Щ | Д |
| Ґ | Ж | Н | Ф | О | Г | Р | И | Л | Ь | Г | Л | Л | Я |
| К | І | Я | Г | Р | У | В | Х | М | Є | П | Ь | М | Щ |
| Ґ | У | М | П | И | Т | А | Л | А | С | Ґ | Х | Ч | А |

ВЕЧЕРЯ
РОДИНА
ФРУКТ
ГРИЛЬ
ОВОЧІ
ГАРЯЧЕ
ГОЛОД
КУРКА
ОБІД
НОЖІ

МУЗИКА
ПЕРЕЦЬ
САЛАТИ
СОУС
ПОМІДОРИ
ЦИБУЛЯ
ЗАПРОШЕННЯ
ВИЛКИ
ЛІТО
СІЛЬ

# 75 - Schoonheid

| | | | | | | | | | | | | |
|---|---|---|---|---|---|---|---|---|---|---|---|---|
| А | Ч | Ц | Р | К | А | К | О | Ш | Ц | Р | Ю | Я | А |
| Х | О | А | Щ | І | О | Ш | А | Р | М | Є | Р | Ж | Р |
| Н | О | Ж | И | Ц | І | С | С | Р | Ш | Ч | Ф | Б | О |
| Х | В | Я | Ь | Н | У | П | М | А | Ш | Ц | Ч | Й | М |
| Т | Ь | А | О | К | В | К | Р | Е | Ч | У | К | И | А |
| С | Т | И | Л | І | С | Т | О | Б | Т | Ю | І | Н | Т |
| Б | А | Г | А | П | Ч | Г | Х | Л | Е | И | О | Т | Щ |
| П | Д | У | К | А | Р | І | К | Ш | І | Ш | К | Н | Ш |
| О | О | Л | Р | М | Х | О | Г | Б | Б | Р | Г | А | Т |
| М | Г | С | Е | А | О | И | Д | Ґ | Д | Л | У | Г | У |
| А | А | О | З | К | Ш | Є | Г | У | Щ | О | Д | Е | Ш |
| Д | Л | П | Д | І | В | Ц | Й | И | К | Д | А | Л | Г |
| А | Б | О | И | Я | Ґ | Є | С | Д | Е | Т | В | Е | Р |
| П | Ь | Я | Х | Ж | Я | Є | Д | Т | А | Є | И | П | В |

ШАРМ
КОСМЕТИКА
ПОСЛУГИ
ЕЛЕГАНТНИЙ
БЛАГОДАТЬ
АРОМАТ
ГЛАДКИЙ
ШКІРА
КОЛІР

КУЧЕР
ПОМАДА
ТУШ
ПРОДУКТИ
НОЖИЦІ
ШАМПУНЬ
ДЗЕРКАЛО
СТИЛІСТ
МАКІЯЖ

```
Ф Я І Г О Л О І Б М М А Р С
Г І Т А Т И І Є І Е І Р О О
Е М З К Х Д Т С О Х Н Х Б Ц
О О А І Д Н Ц Ґ Х А Е Е О І
Л Н Н Н О К Н Ь І Н Р О Т О
О О А А Е Л О Т М І А Л О Л
Г Р Т Т В К О Ф І К Л О Т О
І Т О О Ц Г О Я А О Г Е Г
Я С М Б Р М Ф Л І Ю Г І Х І
С А І С К Ь М А О Я І Я Н Я
І А Я Р Я И Ш Я Д Г Я Х І І
П С И Х О Л О Г І Я І Ь К М
Н Е В Р О Л О Г І Я Ж Я А І
Т Е Р М О Д И Н А М І К А Х
```

| | |
|---|---|
| АНАТОМІЯ | МЕХАНІКА |
| АРХЕОЛОГІЯ | МІНЕРАЛОГІЯ |
| АСТРОНОМІЯ | НЕВРОЛОГІЯ |
| БІОХІМІЯ | БОТАНІКА |
| БІОЛОГІЯ | ПСИХОЛОГІЯ |
| ХІМІЯ | РОБОТОТЕХНІКА |
| ЕКОЛОГІЯ | СОЦІОЛОГІЯ |
| ФІЗІОЛОГІЯ | ТЕРМОДИНАМІКА |
| ГЕОЛОГІЯ | |

# 77 - Bijvoeglijke Naamwoorden

| | | | | | | | | | | | | |
|---|---|---|---|---|---|---|---|---|---|---|---|---|
| Ч | И | С | Т | И | Й | Й | Ш | П | Ґ | Г | Ш | Д | П |
| Ю | Ц | І | К | А | В | И | Й | Р | Т | О | Ц | Р | Р |
| З | Л | И | А | Ь | О | Н | И | О | Щ | Л | Ь | А | И |
| Т | Д | Л | Б | Й | Т | Н | В | Д | Е | О | С | М | Р |
| В | Е | О | М | И | Є | О | О | У | М | Д | И | А | О |
| О | Я | Е | Р | Н | І | С | С | К | Р | Н | Л | Т | Д |
| Р | Щ | Ф | М | О | У | Д | И | Т | Н | И | Ь | И | Н |
| Ч | Є | О | М | Л | В | Є | П | И | О | Й | Н | Ч | И |
| И | М | І | В | О | І | И | О | В | В | И | И | Н | Й |
| Й | Ц | Г | Д | С | Р | А | Й | Н | И | К | Й | І | Е |
| В | Т | О | М | И | В | С | Я | И | Й | И | І | Ю | Н |
| С | В | І | Ж | И | Й | Щ | І | Й | И | Д | Р | О | Г |
| Д | Ь | Щ | И | Н | О | Р | М | А | Л | Ь | Н | И | Й |
| О | Б | Д | А | Р | О | В | А | Н | И | Й | Ц | Г | Б |

ОБДАРОВАНИЙ
ОПИСОВИЙ
ТВОРЧИЙ
ДРАМАТИЧНІ
ЗДОРОВИЙ
ГОЛОДНИЙ
ЦІКАВИЙ
ВТОМИВСЯ
ПРИРОДНИЙ
НОВИЙ

НОРМАЛЬНИЙ
ПРОДУКТИВНИЙ
СОННИЙ
СИЛЬНИЙ
ГОРДИЙ
СВІЖИЙ
ДИКИЙ
СОЛОНИЙ
ЧИСТИЙ

# 78 - Kleding

```
В Ю П О Ш И М Ч Ш Р В В Ш Б
И І Л А Д Н А С А М А Ж І П
Б К А Ч Ґ А Г Б Р Ч С В Ю Г
Є Ч Т Х У Т Р А Ф Б П З Д С
С Л Т Е С Ш Р К Р Р І У С Н
Р О Я Ґ П Г Т Т Ц А Д Т Щ П
Р У Р С У Р И Р Р С Н Т Я В
Е Х К О О Ж А У Х Л И Я Р Ф
И І П А Ч Щ Ц К Б Е Ц В И Ц
А Є М Д В К С Р Ш Т Я В К Е
Я С Я О П И А П А Л Ь Т О Х
Б Ґ М М Я С Ч Н А М И С Т О
К А П Е Л Ю Х К Б Л У З К А
Ґ Х Н У П А Е Б И С В Е Т Р
```

| | |
|---|---|
| БРАСЛЕТ | ПІЖАМА |
| БЛУЗКА | ПОЯС |
| ШТАНИ | СПІДНИЦЯ |
| РУКАВИЧКИ | САНДАЛІ |
| КАПЕЛЮХ | ВЗУТТЯ |
| ПАЛЬТО | ФАРТУХ |
| КУРТКА | СОРОЧКА |
| ПЛАТТЯ | ШАРФ |
| НАМИСТО | ШКАРПЕТКИ |
| МОДА | СВЕТР |

# 79 - Vliegtuigen

| | | | | | | | | | | | | | |
|---|---|---|---|---|---|---|---|---|---|---|---|---|---|
| Х | Е | Р | Ш | Х | П | З | Я | Є | П | М | Ш | П | П |
| Н | А | П | Р | Я | М | Р | А | П | Ф | Ч | Ш | О | А |
| Н | Н | Е | Б | О | Т | Ч | И | П | К | П | Ч | В | С |
| У | І | Р | К | У | Л | Ж | Е | Г | У | Н | Є | І | А |
| Г | В | И | Н | Т | И | В | И | Ш | О | С | Ц | Т | Ж |
| И | І | С | Т | О | Р | І | Я | Є | К | Д | К | Р | И |
| В | Д | Ж | А | П | І | К | Е | Е | Я | Т | А | Я | Р |
| Д | И | Ь | Т | К | А | Т | М | О | С | Ф | Е | Р | А |
| Н | З | Ґ | О | С | Д | Т | Н | О | Я | Є | Ч | Х | Л |
| Е | А | Є | С | У | О | А | К | А | Щ | І | Б | Б | Т |
| Б | Й | Е | И | П | Г | Ф | С | П | А | Л | И | В | О |
| И | Н | Є | В | С | О | Д | В | О | Д | Е | Н | Ь | Л |
| Ю | Ф | Ґ | Ж | Ж | П | И | М | Н | П | И | Ь | С | І |
| Б | У | Д | І | В | Н | И | Ц | Т | В | О | Х | Ч | П |

СПУСК
АТМОСФЕРА
ПРИГОДА
ЕКІПАЖ
БУДІВНИЦТВО
ПАЛИВО
ІСТОРІЯ
НЕБО
ВИСОТА
ЗАПУСК

ПОСАДКА
ПОВІТРЯ
ДВИГУН
ДИЗАЙН
ПАСАЖИР
ПІЛОТ
ГВИНТИ
НАПРЯМ
ВОДЕНЬ
ПОГОДА

# 80 - Herbalisme

```
К  Е  Л  Ф  А  Д  Н  Є  Ч  Є  І  В  Е  И
У  С  А  Е  О  Н  А  Г  Е  Р  О  А  Г  П
Л  Т  В  Н  У  И  Р  С  Б  К  Ґ  С  Я  С
І  Р  А  Х  М  Р  Ф  К  Р  И  Ф  И  И  Е
Н  А  Н  Е  Ґ  А  А  М  Е  У  А  Л  Ч  Ф
А  Г  Д  Л  У  М  Ш  В  Ц  Б  И  Ь  А  Ж
Р  О  А  Ь  Я  З  Б  В  Ь  Т  С  І  К  Я
Н  Н  Н  А  Р  О  Й  А  М  Л  О  Ь  Т  Я
І  П  И  П  І  Р  К  И  Н  С  А  Ч  І  Е
А  Р  О  М  А  Т  И  Ч  Н  И  Й  Е  В  Я
А  Р  О  М  А  Т  К  О  Б  Е  Т  Ж  К  М
І  Н  Г  Р  Е  Д  І  Є  Н  Т  Л  Е  Г  Т
Ь  О  Ш  П  Ю  А  К  Ш  У  Р  Т  Е  П  Р
Л  К  Б  Є  Х  Ч  Ч  Н  Г  Г  Я  Ю  З  Ь
```

| | |
|---|---|
| АРОМАТИЧНИЙ | ЛАВАНДА |
| ВАСИЛЬ | МАЙОРАН |
| КВІТКА | ОРЕГАНО |
| КУЛІНАРНІ | ПЕТРУШКА |
| КРІП | РОЗМАРИН |
| ЕСТРАГОН | ШАФРАН |
| ЗЕЛЕНИЙ | АРОМАТ |
| ІНГРЕДІЄНТ | ЧЕБРЕЦЬ |
| ЧАСНИК | САД |
| ЯКІСТЬ | ФЕНХЕЛЬ |

# 81 - Kracht en Zwaartekracht

| | | | | | | | | | | | | | |
|---|---|---|---|---|---|---|---|---|---|---|---|---|---|
| О | В | Д | Ж | А | Р | В | И | Х | Ь | Ь | Ь | П | Т |
| Д | Р | П | Ь | У | Я | І | Т | В | Л | Т | Д | Л | В |
| И | Т | Б | Л | И | С | Д | І | И | Ч | С | Ж | А | К |
| Н | Н | М | І | И | Ш | С | А | Ч | С | І | В | Н | Н |
| А | Е | А | М | Т | В | Т | О | Х | К | К | І | Е | Я |
| М | Ц | Г | Е | Л | А | А | Щ | Ж | Ж | Д | С | Т | Ж |
| І | Ь | Н | Х | Д | Е | Н | Р | У | Х | И | Ь | Ш | Я |
| Ч | Ж | Е | А | Х | Р | Ь | У | М | С | В | А | Ж | Ш |
| Н | Ф | Т | Н | Я | Н | Н | Е | Р | И | Ш | З | О | Р |
| И | А | И | І | Т | С | О | В | И | Т | С | А | Л | В |
| Й | Е | З | К | В | А | Г | А | К | И | З | І | Ф | Ж |
| Ж | Т | М | А | Щ | Д | Ю | Н | Е | Х | Ш | Б | Я | І |
| В | І | Д | К | Р | И | Т | Т | Я | Т | Р | Е | Т | Е |
| Т | У | Н | І | В | Е | Р | С | А | Л | Ь | Н | И | Й |

ВІДСТАНЬ
ВІСЬ
ОРБІТА
РУХ
ЦЕНТР
ТИСК
ДИНАМІЧНИЙ
ВЛАСТИВОСТІ
ВАГА
ВПЛИВ

МАГНЕТИЗМ
МЕХАНІКА
ФІЗИКА
ВІДКРИТТЯ
ПЛАНЕТ
ШВИДКІСТЬ
ЧАС
РОЗШИРЕННЯ
УНІВЕРСАЛЬНИЙ
ТЕРТЯ

# 82 - Het Bedrijf

```
Я  П  І  Т  Е  Н  Д  Е  Н  Ц  І  Ї  К  Ц
І  Ь  Р  Н  Я  К  І  С  Т  Ь  В  У  Д  Ь
Ц  Т  С  О  Н  П  Р  О  Д  У  К  Т  І  М
А  С  Е  П  М  О  Щ  Ф  Ц  М  Ґ  Б  Р  Ф
Т  І  Р  Ґ  Б  И  В  Ж  Т  І  С  І  Ц  Р
Н  В  Г  Ґ  Ч  Н  С  А  Х  Г  Р  З  Д  І
Е  И  О  М  Х  Ч  Ґ  Л  Ц  И  П  Н  О  Ш
З  Л  Р  Р  В  Е  Р  И  О  І  Г  Е  Х  Е
Е  Ж  П  Ш  Ч  Н  Д  Х  Ж  В  Й  С  І  Н
Р  О  И  Ь  Ц  И  Н  И  Д  О  О  Н  Д  Н
П  М  Х  В  С  Е  Й  В  Ф  О  М  С  И  Я
О  Р  И  З  И  К  И  Я  Ґ  В  Ж  Ч  Т  Й
Р  Е  П  У  Т  А  Ц  І  Я  К  О  Є  І  І
Г  Л  О  Б  А  Л  Ь  Н  И  Й  Я  Щ  И  Ф
```

| | |
|---|---|
| РІШЕННЯ | МОЖЛИВІСТЬ |
| ТВОРЧИЙ | ПРЕЗЕНТАЦІЯ |
| ОДИНИЦЬ | ПРОДУКТ |
| ГЛОБАЛЬНИЙ | РЕПУТАЦІЯ |
| ПРОМИСЛОВОСТІ | РИЗИКИ |
| ДОХІД | ТЕНДЕНЦІЇ |
| ІННОВАЦІЙНИЙ | ПРОГРЕС |
| ЯКІСТЬ | БІЗНЕС |

# 83 - Rijden

```
Б  И  Ь  Л  Е  Н  У  Т  Ґ  П  В  П  Х  Л
П  О  Л  І  Ц  І  Я  Г  А  С  У  А  Л  Ш
І  М  І  Л  Е  А  Т  Р  А  К  Л  Л  Є  М
М  О  Б  І  Е  К  В  Ф  О  С  И  И  Г  Щ
Е  Т  О  Ц  Б  Е  А  А  И  Р  Ц  В  Ш  Ж
М  О  М  Е  Б  П  Г  Ж  Р  Ю  Я  О  В  Л
О  Ц  О  Н  Д  З  О  А  Ю  І  А  А  И  П
Т  И  Т  З  В  Е  Р  Р  Л  Ш  Я  О  Д  Б
О  К  В  І  І  Б  О  А  С  Ь  О  В  К  Е
Р  Л  А  Я  Я  Е  Д  Г  Г  В  М  Х  І  З
Ч  Д  П  С  Б  Н  Г  Ш  Ґ  Т  Ч  А  С  П
П  І  Ш  О  Х  І  Д  А  В  С  П  Х  Т  Е
Т  Р  А  Ф  І  К  П  С  З  Ч  Ю  Л  Ь  К
Л  В  А  Н  Т  А  Ж  І  В  К  А  Щ  И  А
```

| | |
|---|---|
| АВТОМОБІЛЬ | ПОЛІЦІЯ |
| ПАЛИВО | ГАЛЬМА |
| ГАРАЖ | ШВИДКІСТЬ |
| ГАЗ | ВУЛИЦЯ |
| НЕБЕЗПЕКА | ТУНЕЛЬ |
| КАРТА | БЕЗПЕКА |
| ЛІЦЕНЗІЯ | ТРАФІК |
| МОТОР | ПІШОХІД |
| МОТОЦИКЛ | ВАНТАЖІВКА |
| АВАРІЯ | ДОРОГА |

# 84 - Wetenschap

```
Е Ч А С Т И Н К И І Я Є М Я
П В Х І М І Ч Н І К Н Н О І
У І О И Л Т Ю Є У Ц Н Щ Л Р
Є К Е Л Л А І П Л Ц Е Т Е О
Г Т Ч А Ю К Щ Ю Р В Ж Г К Т
Ф Х А Р Ґ Ц М М Ц И Е Ц У А
Д О Т Е М З І Н А Г Р О Л Р
А А У Н Ґ Б С Я К В Е О И О
Н Т Щ І Н Н Я В И Ч Т Ь Д Б
І О А М И Ш Ю Ш З Е С Д І А
И М В М Щ Д П Г І Н О Я М Л
О М Ь Ж І І Щ Б Ф И П Щ Ф Б
Ю Я Ц К Е Л Т Я У Й С В Ф С
Щ В Л Ч Г Т К А Ф Г Ш П Ц Ь
```

| | |
|---|---|
| АТОМ | МЕТОД |
| ХІМІЧНІ | МІНЕРАЛИ |
| ЧАСТИНКИ | МОЛЕКУЛИ |
| ЕВОЛЮЦІЯ | ПРИРОДА |
| ФАКТ | ФІЗИКА |
| ДАНІ | СПОСТЕРЕЖЕННЯ |
| КЛІМАТ | ОРГАНІЗМ |
| ЛАБОРАТОРІЯ | ВЧЕНИЙ |

# 85 - Natuurkunde

```
А  А  Ж  К  Х  Ш  А  Л  У  К  Е  Л  О  М
С  В  Н  Х  І  В  Т  К  У  Ґ  Л  Л  В  Е
А  Ц  А  Ф  М  И  О  М  Н  Ю  Е  Ц  Є  Д
Т  У  Ь  Ж  І  Д  Т  А  І  И  К  Г  І  П
Н  Ш  И  А  Ч  К  С  Г  В  В  Т  И  Б  Ш
Е  Ц  Р  Ч  Н  І  А  Н  Е  В  Р  С  Ю  Щ
М  А  С  А  І  С  Ч  Е  Р  Д  О  М  А  У
И  Х  А  О  С  Т  А  Т  С  В  Н  Е  Л  Ч
Р  М  Г  В  Н  Ь  Т  И  А  И  Ч  Х  Х  Ц
Е  Ф  А  Р  Щ  О  О  З  Л  Г  Щ  А  Н  Ь
П  Ц  З  М  О  А  М  М  Ь  У  С  Н  Х  Ґ
С  Ф  О  Р  М  У  Л  А  Н  Н  В  І  М  М
К  Б  І  В  Ґ  І  Ш  Л  И  Ґ  И  К  Н  Є
Е  М  Ц  Ш  О  С  Ж  Є  Й  Я  И  А  І  О
```

| | |
|---|---|
| АТОМ | ГАЗ |
| ХАОС | МАГНЕТИЗМ |
| ХІМІЧНІ | МАСА |
| ЧАСТИНКА | МЕХАНІКА |
| ЕЛЕКТРОН | МОЛЕКУЛА |
| ЕКСПЕРИМЕНТ | ДВИГУН |
| ФОРМУЛА | ШВИДКІСТЬ |
| ЧАСТОТА | УНІВЕРСАЛЬНИЙ |

# 86 - Muziekinstrumenten

```
С Щ Ь Д Т Е Н Р А Л К Х Ж Р
К Х Ґ И Р Л С Ц Є Т И Ю Щ С
Р У Щ М У Г О Н Г Б У Б О Н
И Д Н О Б М О Р Т П С А К Н
П А Л О А Р А Т І Г Д Р Й С
К Р К Ф О Р Т Е П І А Н О А
А Н Х І А А С О Ж Д Н А Б К
Ш Є Б Є Н А Б А Р А Б Я О С
О Ж Ш Л П О Ф Щ Ш Р К Х Г О
Ф Л Е Й Т А М А Ф Ф С Є Ч Ф
Ґ П И Ю Ш У Ш Р Г А Ф Х Ч О
И П Т Ю Д Ш Б О А О Ь Д Л Н
М А Н Д О Л І Н А Г Т Е Р Ш
В І О Л О Н Ч Е Л Ь Л Я Е Ц
```

| | |
|---|---|
| БАНДЖО | ГАРМОНІКА |
| ВІОЛОНЧЕЛЬ | УДАР |
| ФАГОТ | ФОРТЕПІАНО |
| ФЛЕЙТА | САКСОФОН |
| ГІТАРА | БУБОН |
| ГОНГ | ТРОМБОН |
| АРФА | БАРАБАН |
| ГОБОЙ | ТРУБА |
| КЛАРНЕТ | СКРИПКА |
| МАНДОЛІНА | |

# 87 - Antiek

```
У  Є  Б  Д  Ї  Ц  І  Н  Н  І  С  Т  Ь  Н
Ц  І  Н  А  Н  І  Ц  Н  О  М  К  К  Д  С
М  Е  Б  Л  І  Ш  Ц  Г  А  Л  Е  Р  Е  Я
Д  Е  К  О  Р  А  Т  И  В  Н  І  С  Т  Б
Е  У  Є  С  А  В  Я  Т  Т  І  Л  О  Т  С
Ц  К  К  Ф  П  У  М  Ь  Т  С  І  К  Я  И
А  Є  Ю  Р  Я  Р  К  О  О  Н  Е  О  Б  Ь
Ь  Ґ  Р  Ґ  И  Х  А  Ц  Д  А  Е  В  И  Ж
М  О  Н  Е  Т  И  В  В  І  Л  Ц  Х  Н  М
К  О  Л  Е  К  Т  О  Р  Ж  О  Ч  К  И  І
М  И  С  Т  Е  Ц  Т  В  О  Н  Н  І  Т  У
Й  И  Р  А  Т  С  Т  И  Л  Ь  І  Ж  Р  Ю
Р  Е  С  Т  А  В  Р  А  Ц  І  Я  М  А  Ш
Е  Л  Е  Г  А  Н  Т  Н  И  Й  О  Ш  К  Ш
```

| | |
|---|---|
| СПРАВЖНІМ | МОНЕТИ |
| ДЕКОРАТИВНІ | СТАРИЙ |
| СТОЛІТТЯ | ЦІНА |
| ЕЛЕГАНТНИЙ | РЕСТАВРАЦІЯ |
| ГАЛЕРЕЯ | КАРТИНИ |
| ІНВЕСТИЦІЇ | СТИЛЬ |
| МИСТЕЦТВО | АУКЦІОН |
| ЯКІСТЬ | КОЛЕКТОР |
| МЕБЛІ | ЦІННІСТЬ |

# 88 - Water

```
Б  Я  К  П  М  М  Т  Б  У  В  И  П  А  Ж
Ж  Б  С  О  У  Ж  Ь  Е  Р  О  Я  И  Л  О
Д  Ю  Ш  К  С  У  Ь  В  А  Л  Н  Т  Х  И
П  П  Ц  Е  О  Д  Г  Ц  Г  О  Н  Н  Ш  Н
А  О  Ц  А  Н  І  О  Г  А  Г  А  И  Щ  Ю
У  Є  В  Н  Ґ  І  А  Щ  Н  І  В  Й  К  Х
Л  І  Д  І  Я  О  Р  І  Г  І  У  М  Ю  Ж
С  Н  І  Г  Н  О  Я  Ж  Щ  О  В  И  Ф  Х
І  Л  Ґ  Х  Н  Ь  Т  С  І  Г  О  Л  О  В
П  С  У  В  Е  Я  Ш  Х  У  М  Р  А  М  П
Ж  А  Я  И  Ш  У  Д  Ю  В  С  А  Н  О  Х
Ч  С  Р  Л  О  Л  М  Л  П  Ь  П  А  Р  Є
А  К  Ч  І  Р  Е  З  Й  Е  Г  И  К  О  Е
Ж  Р  Н  Р  З  О  З  Е  Р  О  В  М  З  Н
```

| | |
|---|---|
| ДУШ | УРАГАН |
| ПИТНИЙ | ПОВІНЬ |
| ГЕЙЗЕР | ДОЩ |
| ХВИЛІ | РІЧКА |
| ЛІД | СНІГ |
| ЗРОШЕННЯ | ПАР |
| КАНАЛ | ВИПАРОВУВАННЯ |
| ОЗЕРО | ВОЛОГІ |
| МУСОН | ВОЛОГІСТЬ |
| ОКЕАН | МОРОЗ |

# 89 - Boerderij #1

```
Б  С  Б  Д  Ч  Л  М  Ч  С  Е  П  Ж  Д  Г
Д  І  Я  О  Ф  Б  А  П  И  В  Ґ  Ш  Б  Ь
Ж  Н  П  Б  П  Ш  Е  М  Р  Е  И  С  І  У
О  О  М  Р  Ч  Ц  Ф  Е  Г  Д  Ь  Н  І  К
Л  Г  Е  И  Р  К  Г  Д  Х  У  К  П  Я  Ґ
А  Я  А  В  О  Р  О  К  Е  І  В  А  Л  В
К  П  К  О  І  Ф  Н  З  И  З  О  Р  Е  Т
Р  Х  Ш  К  С  С  Ц  Ж  А  Г  Р  К  Т  Е
У  Я  І  И  М  Н  Ж  К  Д  Р  О  А  Р  Н
К  Р  К  Щ  В  Е  С  Н  О  А  Н  Н  Л  Ц
Ш  П  Е  К  Ґ  Л  Д  Ь  В  Я  А  П  Е  К
І  М  С  І  И  О  У  Н  Я  Щ  Ц  У  Ю  Ь
Л  Я  Ф  Ж  Ж  П  Н  Р  П  И  Ґ  Г  Ю  Н
Є  Ж  О  С  Е  Л  Н  А  С  І  Н  Н  Я  Щ
```

| | |
|---|---|
| БДЖОЛА | КОРОВА |
| ОСЕЛ | ВОРОНА |
| КОЗА | ЗГРАЯ |
| ПАРКАН | ДОБРИВО |
| ПЕС | КІНЬ |
| МЕД | РИС |
| СІНО | СВИНЯ |
| ТЕЛЯ | ПОЛЕ |
| КІШКА | ВОДА |
| КУРКА | НАСІННЯ |

# 90 - Huis

```
С Т І Н А Д Л А М П А Д Б В
Є В Б А Л А В Р Ь С Т З І Я
Х Т Ь К Т С Е Е Ж А А Е Б К
Я Ґ К Р І Ц Ґ М Р П Н Р Л А
Т А Н А М Г Х Ч Д І М К І М
У Ж О П П І Д В А Л І А О І
С П А Л Ь Н Я Ж Щ Б К Л Т Н
К И Л И М О К Ф І Е К О Е Н
О К Г А Р А Ж Ш Д М Ь Є К М
К У Х Н Я Я Н Х С У Р С А Ч
С О П П Д Г Є Г Г Р Ш Т Н Б
Е С М Ґ В А Т П Я Р Ч Е Ч Ш
Т Е С А Ж Г Х Ґ И В М Л Н А
Т С Д И М О Х І Д А И Я Ж В
```

| | |
|---|---|
| МІТЛА | КУХНЯ |
| БІБЛІОТЕКА | ЛАМПА |
| ДАХ | МЕБЛІ |
| ДВЕРІ | СТІНА |
| ДУШ | СТЕЛЯ |
| ГАРАЖ | ДИМОХІД |
| КАМІН | СПАЛЬНЯ |
| ПАРКАН | ДЗЕРКАЛО |
| КІМНАТА | КИЛИМОК |
| ПІДВАЛ | САД |

# 91 - Geometrie

```
С  Т  І  В  Ж  П  Л  О  Г  І  К  А  Е  Є  П
Е  Р  Ц  Є  Е  Щ  Р  Т  Е  М  А  І  Д  О
Г  И  Є  А  Я  Р  Ф  О  П  Л  О  Щ  А  В
М  К  В  Е  Н  Б  Т  Й  П  Ґ  Е  Д  А  Е
Е  У  И  О  Н  Ш  С  И  И  О  И  П  О  Р
Н  Т  М  И  Я  Ж  О  Н  К  Б  Р  С  Г  Х
Т  Н  І  І  Н  Я  У  Ь  Л  А  Е  Ц  Т  Н
Г  И  Р  Б  В  І  Ж  Л  Р  В  Л  П  І  Я
Л  К  М  Я  І  Р  Т  Е  М  И  С  Ь  О  Я
Б  Е  Л  Р  Р  О  Ш  Л  Р  Р  Ч  Ц  Н  І
К  О  Л  О  Ь  Е  Е  А  Т  К  Д  Ц  Г  І
М  К  І  Є  Е  Т  Ю  Р  А  Р  М  А  С  А
І  С  У  К  Ю  Є  Р  А  Н  А  І  Д  Е  М
Б  Н  К  Т  Л  Н  Є  П  В  И  С  О  Т  А
```

КОЛО
КРИВА
ДІАМЕТР
ВИМІР
ТРИКУТНИК
КУТ
ВИСОТА
ЛОГІКА
МАСА
МЕДІАНА

ПОВЕРХНЯ
ПАРАЛЕЛЬНИЙ
ПРОПОРЦІЯ
СЕГМЕНТ
СИМЕТРІЯ
ТЕОРІЯ
РІВНЯННЯ
ВЕРТИКАЛЬНІ
ПЛОЩА

# 92 - Jazz

```
Л Ц Б С И О К Ф Ґ О Р Т Х К
І У О Ж Т Г Ф Ш Ц П И Н К Ю
М Ц А Ж Ч И Р М К Л Т Ч В Я
П П І С Н Я Л Ч П Е М С Я Д
Р А Л Ь Б О М Ь А С Ч Б М К
О Н С Т А Р И Й А К И З У М
В О О Ю Г Р У Е У И Ч П Ж В
І Б І В Т Е Х Н І К А Ф Е Щ
З Р О К И Н Ж О Д У Х Д У Ю
А А Н Є А Й И М О Д І В Ь О
Ц Н К О Н Ц Е Р Т Н Е Ц К А
І И Т А Л А Н Т Н С К Л А Д
Я Й О Р К Е С Т Р А Ф А Е Г
К О М П О З И Т О Р Ж Ч Г К
```

| | |
|---|---|
| АЛЬБОМ | МУЗИКА |
| ОПЛЕСКИ | АКЦЕНТ |
| ХУДОЖНИК | НОВИЙ |
| ВІДОМИЙ | ОРКЕСТР |
| КОМПОЗИТОР | СТАРИЙ |
| КОНЦЕРТ | РИТМ |
| ОБРАНИЙ | СКЛАД |
| ЖАНР | СТИЛЬ |
| ІМПРОВІЗАЦІЯ | ТАЛАНТ |
| ПІСНЯ | ТЕХНІКА |

# 93 - Getallen

```
Ґ Ц Г У Ь Л У Н Л Е П Н Ш Ь
Щ Г Р М Ч С Я И Р Т Ь Я Ґ Р
В І С І М Н А Д Ц Я Т Ь Т Г
И К Д С С І П О Б К Я Т Ш Ь
Ч О В І К Я С Х Є Д Ц Я І Т
И О А В Ш Щ Ю В К Е Д Ц С Я
Є Н Т Ш І С Т Ь Щ Е А Д Т Ц
Г Ь О И Д Е В Я Т Ь В А Н Д
С Ґ Ь К Р У Ж І І Н Д Н А А
Ґ У О Є Ь И Л Х С М Ф Р Д Н
Т Р И Н А Д Ц Я Т Ь Ь И Ц А
П Я Т Н А Д Ц Я Т Ь Г Т Я В
Д Е С Я Т Ь У А Я Б Ч О Т Д
С І М Н А Д Ц Я Т Ь Ш Ч Ь Ц
```

| | |
|---|---|
| ВІСІМ | ДВАДЦЯТЬ |
| ВІСІМНАДЦЯТЬ | ЧОТИРНАДЦЯТЬ |
| ТРИНАДЦЯТЬ | ЧОТИРИ |
| ТРИ | П'ЯТЬ |
| ОДИН | П'ЯТНАДЦЯТЬ |
| ДЕВ'ЯТЬ | ШІСТЬ |
| НУЛЬ | ШІСТНАДЦЯТЬ |
| ДЕСЯТЬ | СІМ |
| ДВАНАДЦЯТЬ | СІМНАДЦЯТЬ |
| ДВА | |

# 94 - Boerderij #2

```
М  Л  Щ  І  Б  Б  П  Л  Б  Ч  Ю  С  Ш  Є
З  О  Я  В  А  Х  Ж  Д  П  Л  С  Я  Ж  Н
Р  П  Л  Т  Н  І  Ч  Д  Щ  Є  Ц  Ц  О  У
О  А  М  О  П  Ш  Е  Н  И  Ц  Я  В  Я  Ф
Ш  С  В  Т  К  У  Р  Ф  Я  Ч  М  І  Н  Ь
Е  Т  Ь  О  Р  О  Т  К  А  Р  Т  В  Н  Т
Н  У  К  И  Л  У  В  Щ  О  Щ  Ь  Г  И  Ц
Н  Х  Д  А  С  Й  И  В  О  Т  К  У  Р  Ф
Я  Н  Г  Я  Ч  О  В  О  Ф  М  К  Л  А  Ф
С  А  Р  А  Й  К  Т  А  Т  Е  Я  С  В  Ц
Х  М  Я  Ж  І  Х  А  Е  Г  М  Р  К  Т  И
Ж  А  З  Д  У  Р  У  К  У  К  Т  М  Ч  У
І  Л  Н  У  Б  У  С  Ю  П  Л  І  Н  Е  Б
Щ  І  Ю  Ч  К  И  Ц  У  У  Ґ  В  Ф  В  Р
```

ВУЛИК  
ФЕРМЕР  
ФРУКТОВИЙ САД  
ТВАРИН  
КАЧКА  
ФРУКТ  
ЯЧМІНЬ  
ОВОЧ  
ПАСТУХ  
ЗРОШЕННЯ  

ЯГНЯ  
ЛАМА  
КУКУРУДЗА  
МОЛОКО  
ВІВЦЯ  
САРАЙ  
ПШЕНИЦЯ  
ТРАКТОР  
ЛУГ  
ВІТРЯК

# 95 - Psychologie

```
М Ш М Е В І Д Ч У Т Т Я О М
Е Р Г И П Я К Ц Е І Д М П Е
М Р І С Ю Т Д О Д У М К И Г
О Н Е Ї А В Х Р Н Ж Ц І П О
Ц А К Н І Ц О Е В Ф А Г Ж О
І М Ж Р П Ь П А Є Ю Л Е С У
Ї Е П В Ю У Ч Л Ь Ш О І Р Ц
П Л М Ж Ш Ф Р Ь Ж Ц Д Г К Д
Ж Б Ь Я Т Т Я Н Й И Р П С Т
П О А Й И Н Ч І Н І Л К Є І
І Р І Т С О Т С И Б О С О П
В П Л И В М Т Т Д О С В І Д
Т Е Р А П І Я Ь Ж Я Ю Т Н Л
Ч С С П О В Е Д І Н К А Ґ Ж
```

| | |
|---|---|
| ОЦІНКА | ВІДЧУТТЯ |
| КОНФЛІКТ | ВПЛИВ |
| МРІЇ | КЛІНІЧНИЙ |
| ЕГО | СПРИЙНЯТТЯ |
| ЕМОЦІЇ | ОСОБИСТОСТІ |
| ДОСВІД | ПРОБЛЕМА |
| ДУМКИ | РЕАЛЬНІСТЬ |
| ПОВЕДІНКА | ТЕРАПІЯ |

# 96 - Elektriciteit

```
Е  К  І  Л  Ь  К  І  С  Т  Ь  О  В  Ф  Т
П  Л  Е  В  Ч  Х  Ц  Л  Л  Е  Б  Е  Ж  Л
Р  О  Е  Р  Ж  І  Ж  М  У  А  Є  Н  Х  У
О  О  З  К  О  Г  Я  Х  У  Т  К  Ь  У  Б
З  Е  Б  И  Т  І  Н  Г  А  М  Т  Ц  Я  И
Е  Л  Р  Л  Т  Р  О  Т  А  Р  Е  Н  Е  Г
Т  Е  Е  Б  А  И  И  Х  І  С  Ю  О  Р  Є
К  К  З  А  Б  Д  В  Ч  Т  Б  Я  Ф  А  М
А  Т  А  Ь  Я  Л  Н  Н  Н  И  К  Е  Т  Е
Ж  Р  Л  А  М  П  А  А  И  И  Ш  Л  А  Р
Х  И  Д  Р  О  Т  И  Р  Н  Й  Й  Е  Б  Е
А  К  К  А  Б  Е  Л  Ь  Є  Н  И  Т  Ш  Ж
З  Б  Е  Р  І  Г  А  Н  Н  Я  Я  С  Ю  А
Н  Е  Г  А  Т  И  В  Н  И  Й  Ґ  Ф  Ж  Ґ
```

БАТАРЕЯ  
ОБЛАДНАННЯ  
ДРОТИ  
ЕЛЕКТРИК  
ЕЛЕКТРИЧНИЙ  
ГЕНЕРАТОР  
КІЛЬКІСТЬ  
КАБЕЛЬ  
ЛАМПА  

ЛАЗЕР  
МАГНІТ  
НЕГАТИВНИЙ  
МЕРЕЖА  
ОБ'ЄКТ  
ЗБЕРІГАННЯ  
ПОЗИТИВНИЙ  
РОЗЕТКА  
ТЕЛЕФОН

# 97 - Zakelijk

| В | П | Р | И | Б | У | Т | О | К | Д | В | Е | Ї | А |
|---|---|---|---|---|---|---|---|---|---|---|---|---|---|
| Ц | А | К | Ж | И | Н | З | Щ | М | С | И | І | І | П |
| В | П | Р | Є | Р | А | К | Х | Ш | Я | У | Ш | Ц | О |
| Е | А | А | Т | І | Ф | Ш | Ф | С | І | Ф | О | И | Д |
| К | К | Л | Я | І | Ц | К | А | З | Н | А | Р | Т | А |
| О | И | Ф | Ю | М | С | Ф | А | Ч | А | О | Г | С | Т |
| Н | Р | Х | І | Т | Л | Т | У | О | П | Л | І | Е | К |
| О | Б | М | Д | Н | А | Х | Ь | Л | М | Ю | И | В | И |
| М | А | Ч | Р | С | А | Д | І | Х | О | Д | У | Н | К |
| І | Ф | Ч | А | Р | С | Н | Е | Х | К | А | Ш | І | Д |
| К | Л | Е | Р | Л | И | І | С | П | Р | О | Д | А | Ж |
| А | Б | Ю | Д | Ж | Е | Т | Н | И | З | А | Г | А | М |
| Р | О | Б | О | Т | О | Д | А | В | Е | Ц | Ь | С | Д |
| П | Р | А | Ц | І | В | Н | И | К | Р | М | Ф | Е | С |

КОМПАНІЯ
БЮДЖЕТ
ПОДАТКИ
КАР'ЄР
ЕКОНОМІКА
ФАБРИКА
ФІНАНСИ
ГРОШІ
ДОХІД
ІНВЕСТИЦІЇ

ОФІС
ЗНИЖКА
ВАРТІСТЬ
ТРАНЗАКЦІЯ
ВАЛЮТА
ПРОДАЖ
РОБОТОДАВЕЦЬ
ПРАЦІВНИК
МАГАЗИН
ПРИБУТОК

# 98 - Voeding

```
Г  І  Р  К  И  Й  Є  Н  Б  Ю  Ц  Г  С  З
Т  Д  Т  Є  Щ  Р  Щ  Х  К  І  Ж  И  Ч  Б
Б  О  І  Б  У  У  М  Ь  В  Є  Л  Е  Ю  А
Р  Б  К  Є  В  І  Т  А  М  І  Н  К  Й  Л
О  Д  В  С  Т  З  Д  О  Р  О  В  Я  И  А
Д  Щ  Л  Р  И  А  А  С  Ґ  В  І  Є  В  Н
І  Ь  Ї  Ж  І  Н  Ц  У  М  Т  Д  Т  О  С
Н  В  С  У  О  С  Б  Ґ  А  А  О  И  Р  О
Н  Ь  Т  С  І  К  Я  Б  Ф  М  В  Т  О  В
Я  П  І  Ж  Н  Ч  Я  Д  Ш  О  Е  Е  Д  А
К  К  В  Г  Ю  Ч  С  Б  Щ  Р  Л  П  З  Н
Я  Н  Н  Е  Л  В  А  Р  Т  А  Г  А  В  И
Х  Ґ  И  Н  И  Д  І  Р  А  В  У  Е  С  Й
В  Ш  Й  І  Р  О  Л  А  К  Ш  В  Ш  С  В
```

| | |
|---|---|
| ГІРКИЙ | ЗДОРОВ'Я |
| КАЛОРІЙ | ВУГЛЕВОДІВ |
| ДІЄТА | ЯКІСТЬ |
| ЇСТІВНИЙ | СОУС |
| АПЕТИТ | АРОМАТ |
| БІЛКИ | ТРАВЛЕННЯ |
| ЗБАЛАНСОВАНИЙ | ТОКСИН |
| БРОДІННЯ | ВІТАМІН |
| ВАГА | РІДИНИ |
| ЗДОРОВИЙ | |

# 99 - Chemie

```
Х  Р  Ь  Ц  К  Е  Ь  Н  Е  С  И  К  Р  Є
Л  Б  В  Ґ  Є  Ю  Ж  Г  И  И  Н  А  І  Е
О  П  О  Я  О  Ь  А  Т  Х  Ь  Ґ  Т  Д  І
Р  В  І  Н  З  Ц  П  К  С  Н  Р  А  И  О
А  Р  У  Т  А  Р  Е  П  М  Е  Т  Л  Н  Н
М  Щ  В  Г  Г  Р  М  В  М  Д  Л  І  А  Р
Ф  Е  У  О  Л  П  Е  Т  О  О  И  З  Т  Е
Е  С  Т  А  Р  Е  Є  Є  Л  В  Б  А  О  А
Р  Т  П  А  Б  І  Ц  Щ  Е  Н  Л  Т  Л  К
М  Д  К  Г  Л  Ш  Т  Ь  К  С  Г  О  С  Ц
Е  Е  Х  А  Й  И  Н  Ж  У  Л  І  Р  И  І
Н  Г  Ь  В  Б  О  Ц  Г  Л  Р  Є  Л  К  Я
Т  Л  Й  И  Н  Ч  І  Н  А  Г  Р  О  Ь  Ч
В  Т  Ж  Ц  Е  Л  Е  К  Т  Р  О  Н  Г  Ш
```

| | |
|---|---|
| ЛУЖНИЙ | МОЛЕКУЛА |
| ХЛОР | ОРГАНІЧНИЙ |
| ЕЛЕКТРОН | РЕАКЦІЯ |
| ФЕРМЕНТ | ТЕМПЕРАТУРА |
| ГАЗ | РІДИНА |
| ВАГА | ТЕПЛО |
| ІОН | ВОДЕНЬ |
| КАТАЛІЗАТОР | СІЛЬ |
| ВУГЛЕЦЬ | КИСЛОТА |
| МЕТАЛИ | КИСЕНЬ |

## 1 - Metingen

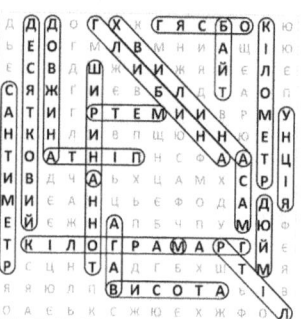

## 2 - Keuken

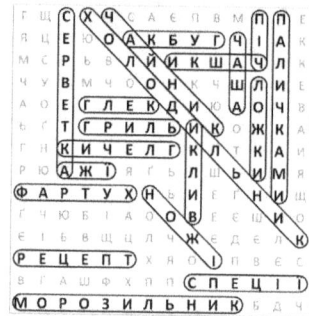

## 3 - Boten

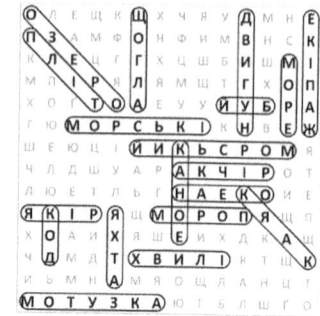

## 4 - Chocolade

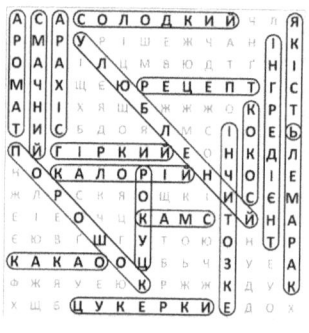

## 5 - Gezondheid en Welzijn #2

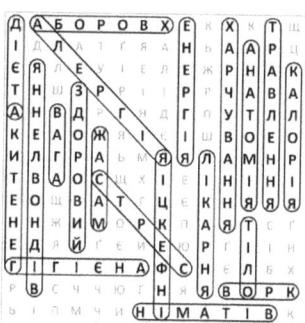

## 6 - Tijd

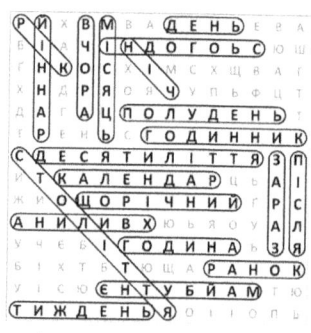

## 7 - Meditatie

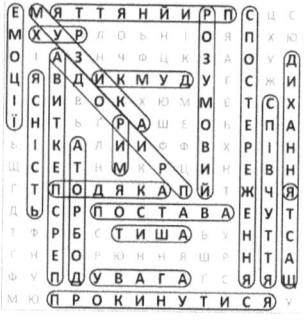

## 8 - Muziek

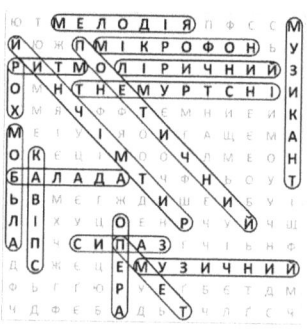

## 9 - Vogels

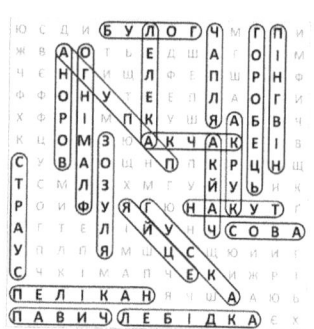

## 10 - Universum

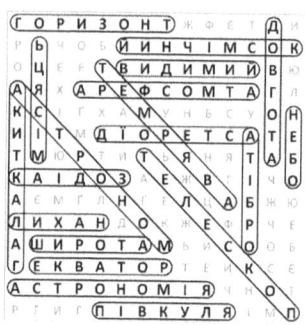

## 11 - Wiskunde

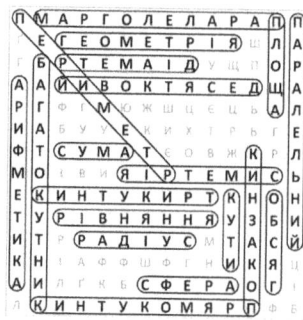

## 12 - Gezondheid en Welzijn #1

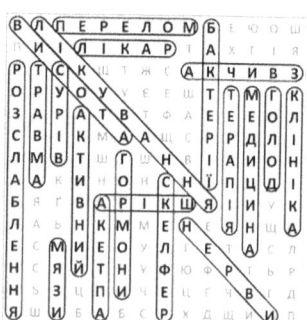

## 13 - Camping

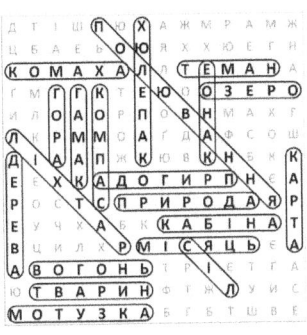

## 14 - Algebra

## 15 - Activiteiten

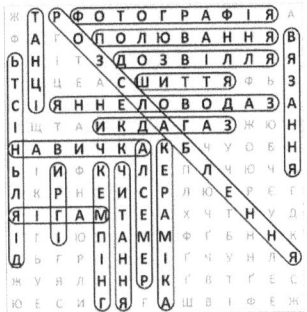

## 16 - Vormen

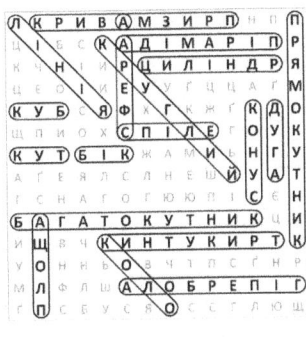

## 17 - Diplomatie

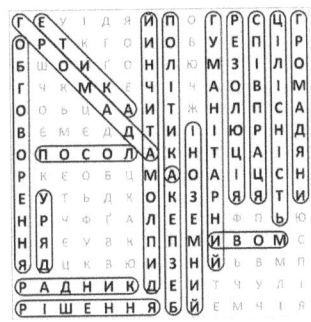

## 18 - Astronomie

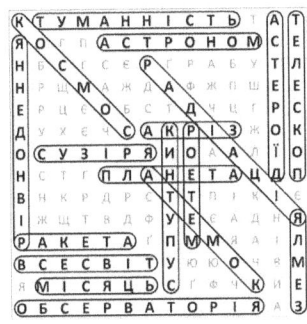

## 19 - Vakantie #2

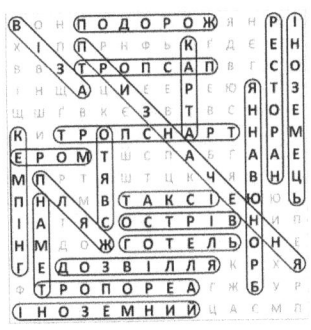

## 20 - Weersomstandigh

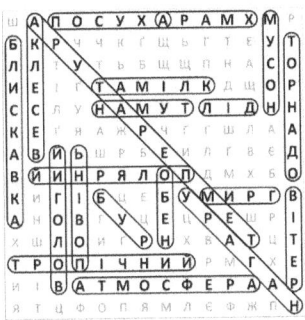

## 21 - Strand

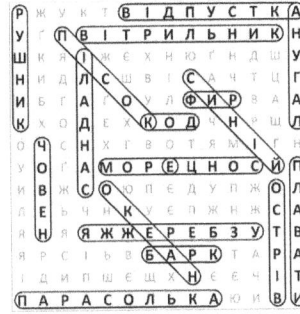

## 22 - Eten #2

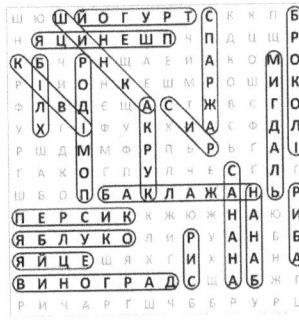

## 23 - Restaurant #1

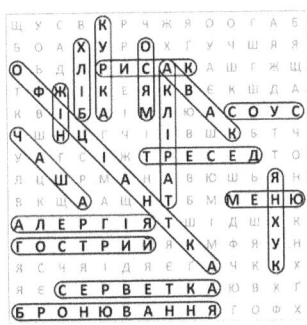

## 24 - Geologie

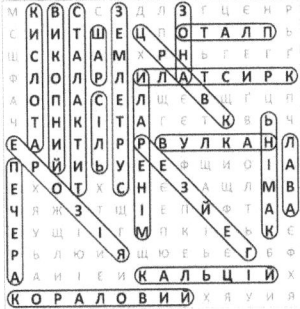

## 25 - Specerijen

## 26 - Groenten

## 27 - Archeologie

## 28 - Dans

## 29 - Sport

## 30 - Mythologie

## 31 - Eten #1

## 32 - Avontuur

## 33 - Circus

## 34 - Restaurant #2

## 35 - Bijen

## 36 - Wandelen

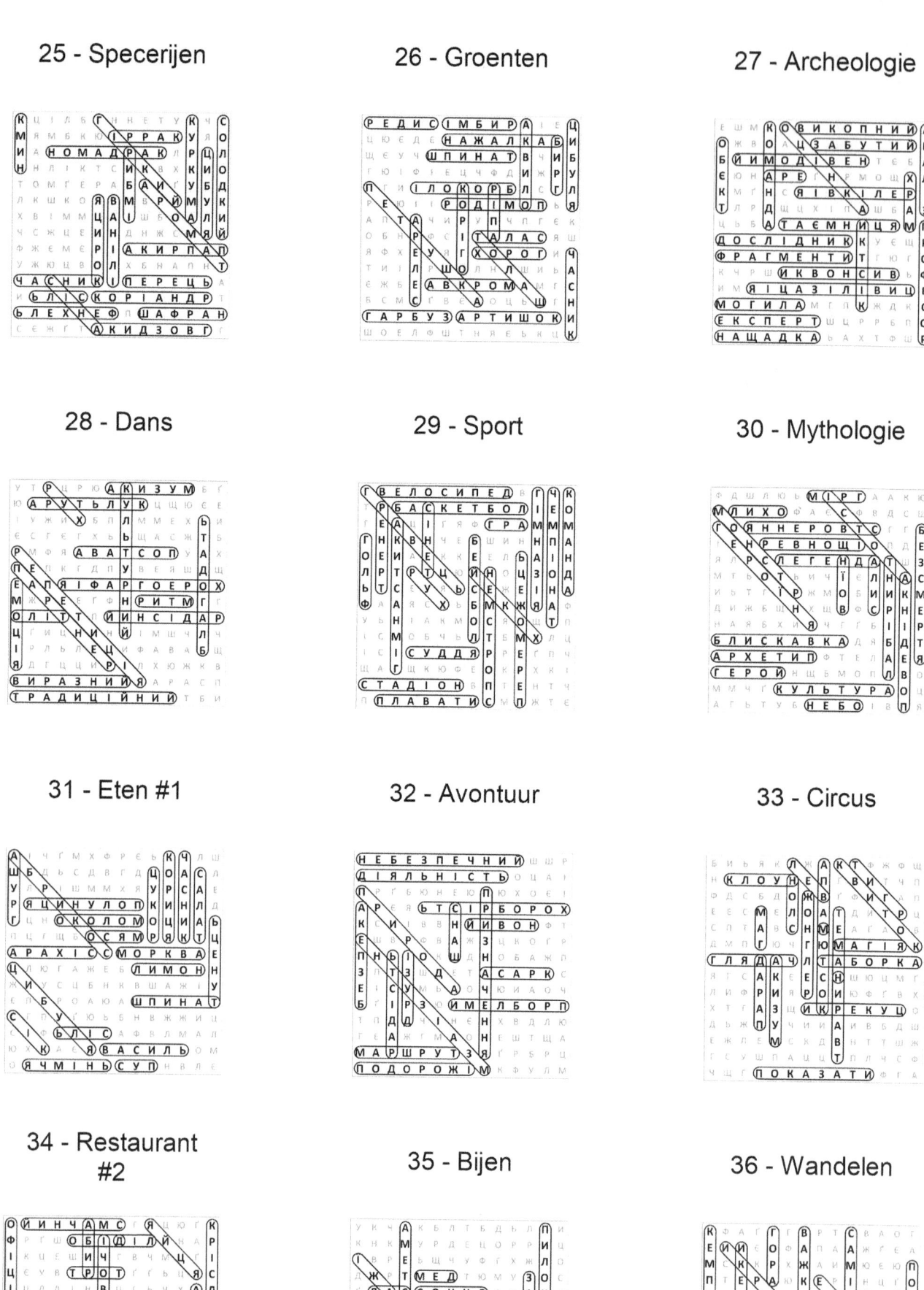

## 37 - Filantropie

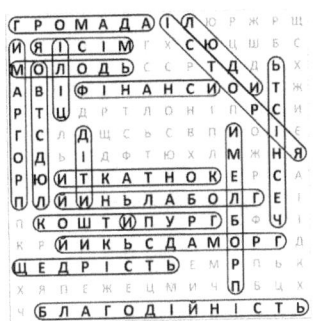

## 38 - Landen #1

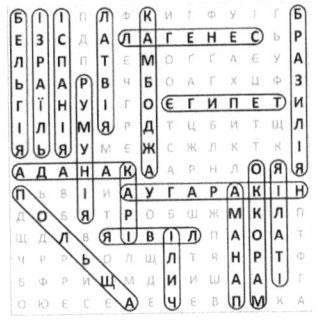

## 39 - Installaties

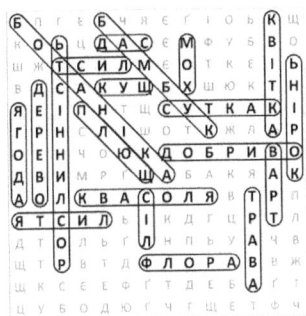

## 40 - Oceaan

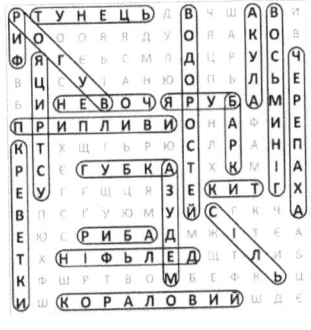

## 41 - Landen #2

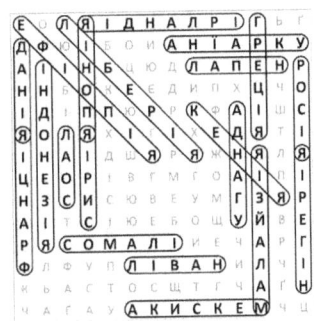

## 42 - Bloemen

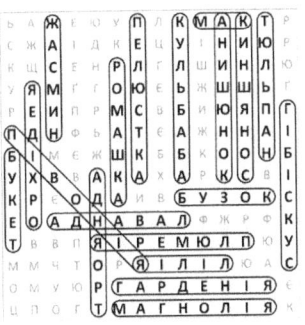

## 43 - Huisdieren

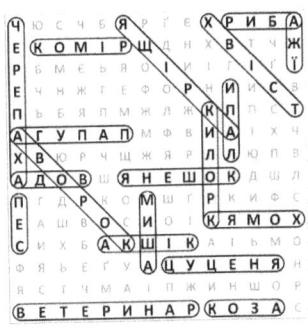

## 44 - Landschappen

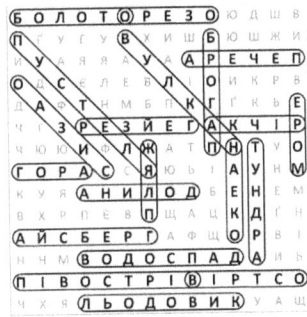

## 45 - Tuin

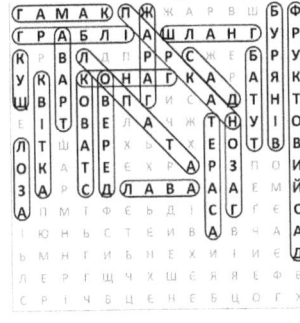

## 46 - Beroepen #2

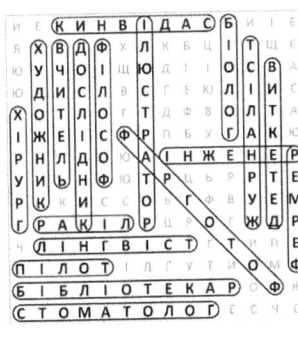

## 47 - Dagen en Maanden

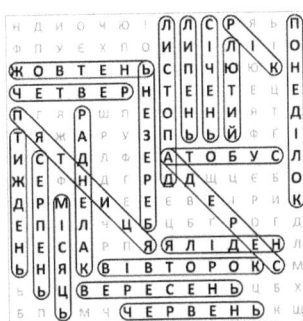

## 48 - Beeldende Kunsten

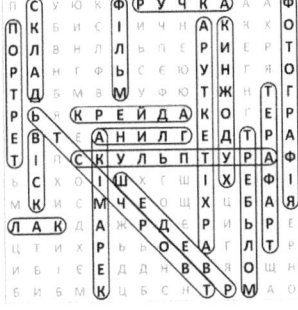

## 49 - Mode

## 50 - Tuinieren

## 51 - Menselijk Lichaam

## 52 - Energie

## 53 - Familie

## 54 - Gebouwen

## 55 - Kunst

## 56 - Beroepen #1

## 57 - Antarctica

## 58 - Ballet

## 59 - Fruit

## 60 - Engineering

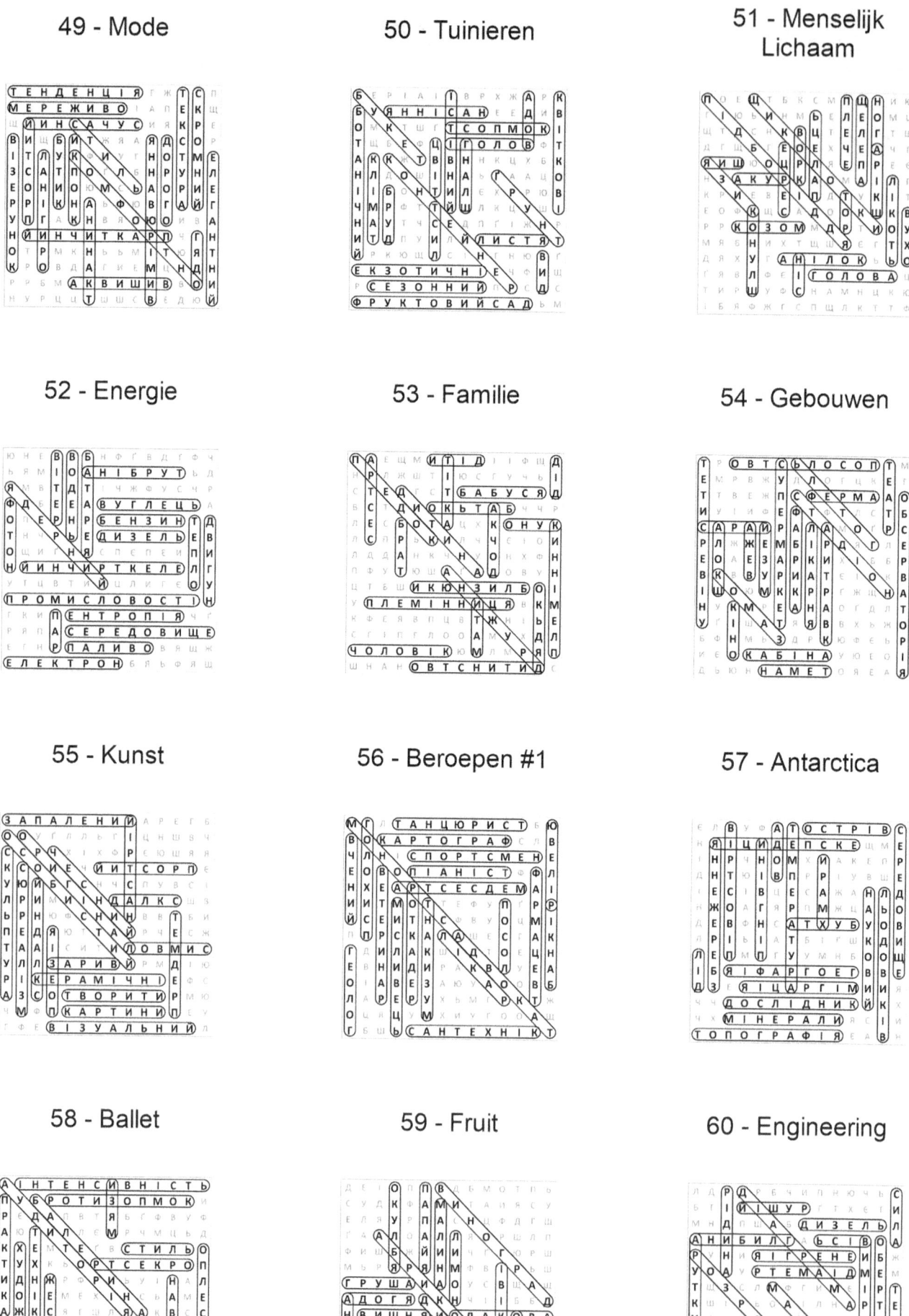

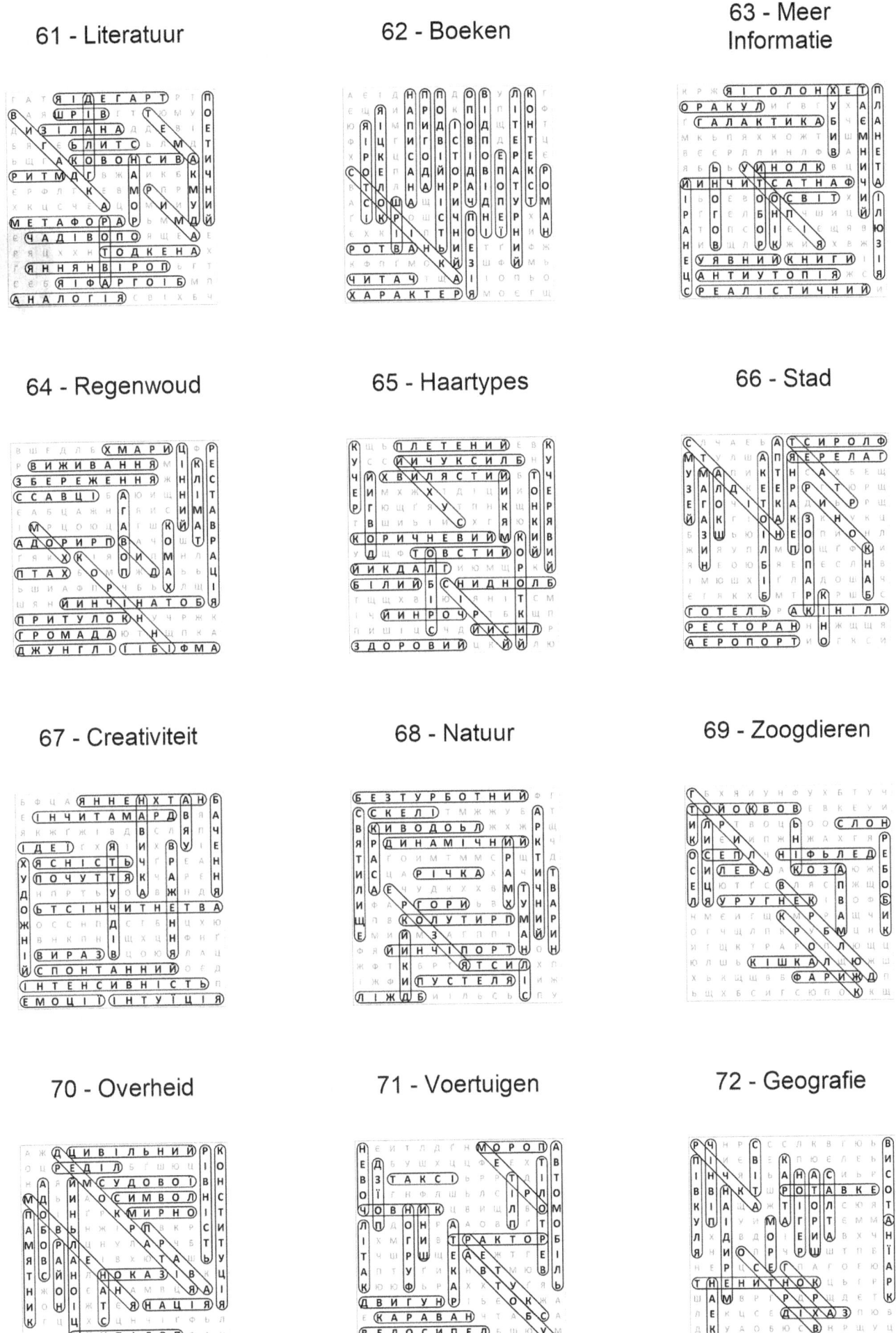

## 61 - Literatuur

## 62 - Boeken

## 63 - Meer Informatie

## 64 - Regenwoud

## 65 - Haartypes

## 66 - Stad

## 67 - Creativiteit

## 68 - Natuur

## 69 - Zoogdieren

## 70 - Overheid

## 71 - Voertuigen

## 72 - Geografie

## 73 - Kunstbenodigdhe

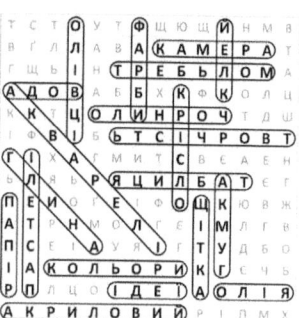

## 74 - Barbecues

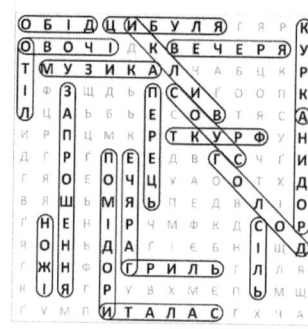

## 75 - Schoonheid

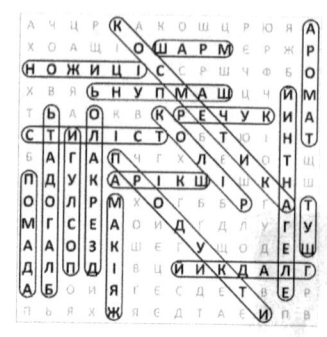

## 76 - Wetenschappelijk

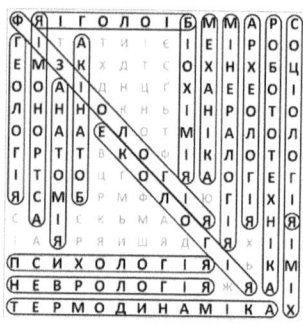

## 77 - Bijvoeglijke Naamwoorden

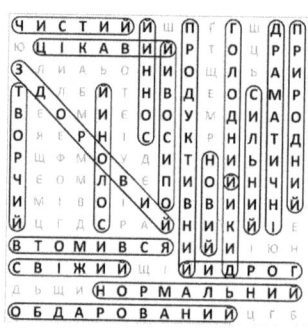

## 78 - Kleding

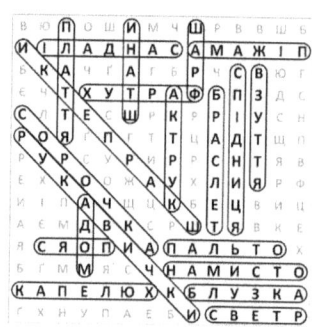

## 79 - Vliegtuigen

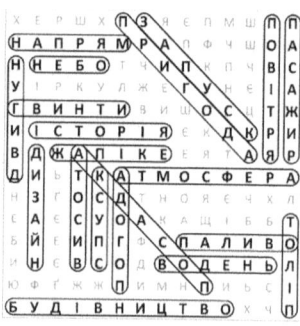

## 80 - Herbalisme

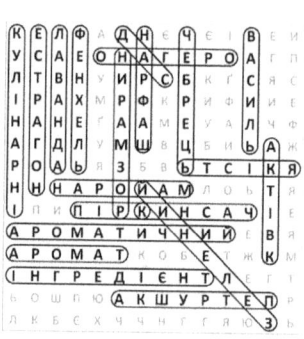

## 81 - Kracht en Zwaartekracht

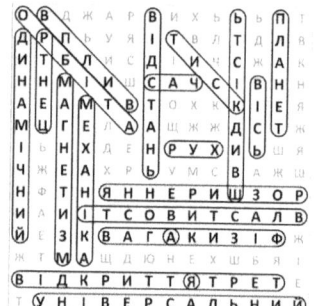

## 82 - Het Bedrijf

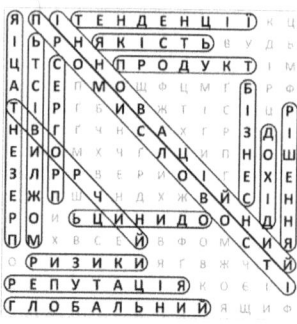

## 83 - Rijden

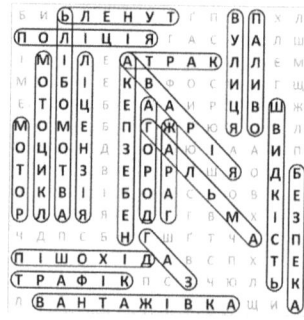

## 84 - Wetenschap

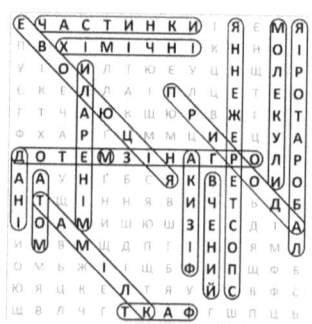

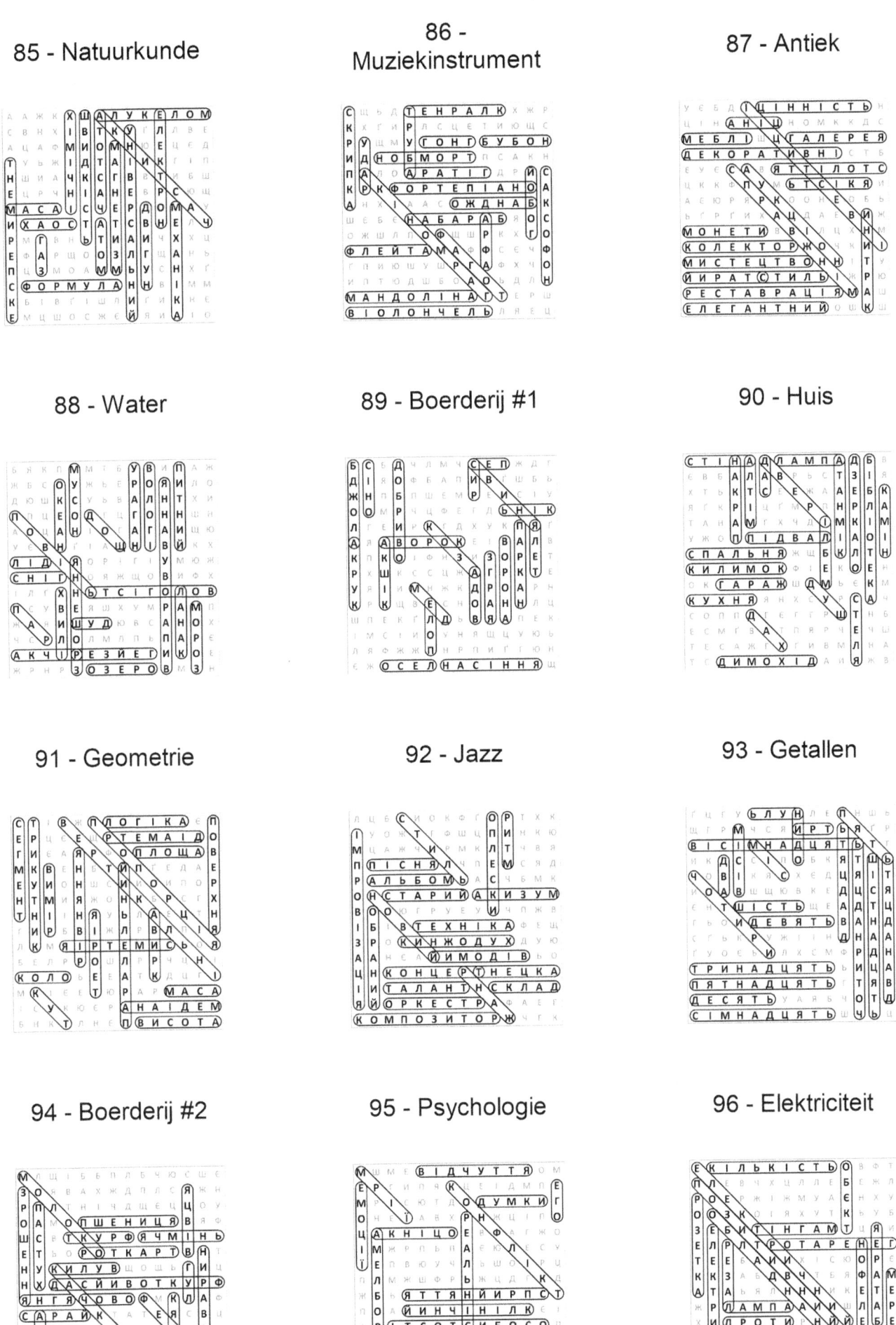

## 85 - Natuurkunde

## 86 - Muziekinstrument

## 87 - Antiek

## 88 - Water

## 89 - Boerderij #1

## 90 - Huis

## 91 - Geometrie

## 92 - Jazz

## 93 - Getallen

## 94 - Boerderij #2

## 95 - Psychologie

## 96 - Elektriciteit

## 97 - Zakelijk

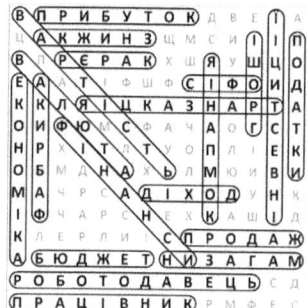

## 98 - Voeding

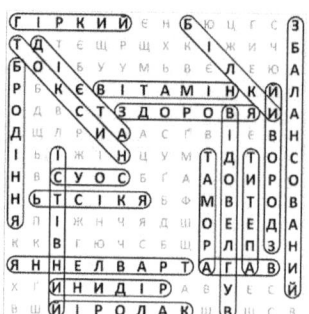

## 99 - Chemie

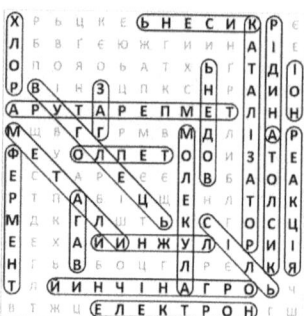

# Woordenboek

## Activiteiten
### Види Діяльності

| | |
|---|---|
| Activiteit | Діяльність |
| Ambachten | Ремесла |
| Breien | В'Язання |
| Dansen | Танці |
| Fotografie | Фотографія |
| Games | Ігри |
| Hengelsport | Риболовля |
| Jacht | Полювання |
| Kamperen | Кемпінг |
| Keramiek | Кераміка |
| Kunst | Мистецтво |
| Lezen | Читання |
| Magie | Магія |
| Naaien | Шиття |
| Ontspanning | Розслаблення |
| Plezier | Задоволення |
| Puzzels | Загадки |
| Tuinieren | Садівництво |
| Vaardigheid | Навичка |
| Vrije Tijd | Дозвілля |

## Algebra
### Алгебра

| | |
|---|---|
| Aftrekken | Віднімання |
| Diagram | Діаграма |
| Exponent | Показник |
| Factor | Фактор |
| Formule | Формула |
| Grafiek | Графік |
| Haakje | Дужки |
| Hoeveelheid | Кількість |
| Lineair | Лінійний |
| Matrix | Матриця |
| Nul | Нуль |
| Oneindig | Нескінченний |
| Oplossen | Вирішити |
| Oplossing | Рішення |
| Probleem | Проблема |
| Som | Сума |
| Vals | Помилковий |
| Variabele | Змінна |
| Vereenvoudigen | Спростити |
| Vergelijking | Рівняння |

## Antarctica
### Антарктида

| | |
|---|---|
| Baai | Бухта |
| Behoud | Збереження |
| Continent | Континент |
| Eilanden | Острів |
| Expeditie | Експедиція |
| Geografie | Географія |
| Gletsjers | Льодовиків |
| Ijs | Лід |
| Migratie | Міграція |
| Mineralen | Мінерали |
| Omgeving | Середовище |
| Onderzoeker | Дослідник |
| Pinguïn | Пінгвіни |
| Rotsachtig | Скелястий |
| Schiereiland | Півострів |
| Temperatuur | Температура |
| Topografie | Топографія |
| Water | Вода |
| Wetenschappelijk | Науковий |
| Wolken | Хмари |

## Antiek
### Антикваріат

| | |
|---|---|
| Authentiek | Справжнім |
| Beeldhouwwerk | Скульптура |
| Decoratief | Декоративні |
| Eeuw | Століття |
| Elegant | Елегантний |
| Galerij | Галерея |
| Investering | Інвестиції |
| Kunst | Мистецтво |
| Kwaliteit | Якість |
| Meubilair | Меблі |
| Munten | Монети |
| Ongewoon | Незвичайні |
| Oud | Старий |
| Prijs | Ціна |
| Restauratie | Реставрація |
| Schilderijen | Картини |
| Stijl | Стиль |
| Veiling | Аукціон |
| Verzamelaar | Колектор |
| Waarde | Цінність |

## Archeologie
### Археологія

| | |
|---|---|
| Analyse | Аналіз |
| Beschaving | Цивілізація |
| Bevindingen | Висновки |
| Botten | Кістки |
| Deskundige | Експерт |
| Evaluatie | Оцінка |
| Fossiel | Викопний |
| Fragmenten | Фрагменти |
| Graf | Могила |
| Mysterie | Таємниця |
| Nakomeling | Нащадка |
| Objecten | Об'Єкт |
| Onbekend | Невідомий |
| Onderzoeker | Дослідник |
| Professor | Професор |
| Relikwie | Реліквія |
| Team | Команда |
| Tempel | Храм |
| Tijdperk | Ера |
| Vergeten | Забутий |

## Astronomie
### Астрономія

| | |
|---|---|
| Aarde | Земля |
| Asteroïde | Астероїд |
| Astronaut | Астронавт |
| Astronoom | Астроном |
| Equinox | Рівнодення |
| Komeet | Комета |
| Kosmos | Космос |
| Maan | Місяць |
| Meteoor | Метеор |
| Nevel | Туманність |
| Observatorium | Обсерваторія |
| Planeet | Планета |
| Raket | Ракета |
| Satelliet | Супутник |
| Ster | Зірка |
| Sterrenbeeld | Сузір'Я |
| Straling | Радіація |
| Telescoop | Телескоп |
| Universum | Всесвіт |
| Zwaartekracht | Гравітація |

## Avontuur
### Пригоди

| | |
|---|---|
| Activiteit | Діяльність |
| Bestemming | Призначення |
| Enthousiasme | Ентузіазм |
| Excursie | Екскурсія |
| Gevaarlijk | Небезпечний |
| Kans | Шанс |
| Moed | Хоробрість |
| Moeilijkheid | Трудність |
| Natuur | Природа |
| Navigatie | Навігація |
| Nieuw | Новий |
| Ongewoon | Незвичайні |
| Reisplan | Маршрут |
| Reizen | Подорожі |
| Schoonheid | Краса |
| Uitdagingen | Проблеми |
| Veiligheid | Безпека |
| Voorbereiding | Підготовка |
| Vreugde | Радість |
| Vrienden | Друзі |

## Ballet
### Балет

| | |
|---|---|
| Applaus | Оплески |
| Artistiek | Художній |
| Ballerina | Балерина |
| Choreografie | Хореографія |
| Componist | Композитор |
| Dansers | Танцюристів |
| Expressief | Виразний |
| Gebaar | Жест |
| Intensiteit | Інтенсивність |
| Muziek | Музика |
| Orkest | Оркестр |
| Praktijk | Практика |
| Publiek | Аудиторія |
| Repetitie | Репетиція |
| Ritme | Ритм |
| Sierlijk | Витончений |
| Spieren | М'Язи |
| Stijl | Стиль |
| Techniek | Техніка |
| Vaardigheid | Навичка |

## Barbecues
### Барбекю

| | |
|---|---|
| Diner | Вечеря |
| Familie | Родина |
| Fruit | Фрукт |
| Grill | Гриль |
| Groente | Овочі |
| Heet | Гаряче |
| Honger | Голод |
| Kip | Курка |
| Lunch | Обід |
| Messen | Ножі |
| Muziek | Музика |
| Peper | Перець |
| Salades | Салати |
| Saus | Соус |
| Tomaten | Помідори |
| Uien | Цибуля |
| Uitnodiging | Запрошення |
| Vorken | Вилки |
| Zomer | Літо |
| Zout | Сіль |

## Beeldende Kunsten
### Образотворче Мистецтво

| | |
|---|---|
| Architectuur | Архітектура |
| Artiest | Художник |
| Beeldhouwwerk | Скульптура |
| Creativiteit | Творчість |
| Ezel | Мольберт |
| Film | Фільм |
| Foto | Фотографія |
| Keramiek | Кераміка |
| Klei | Глина |
| Krijt | Крейда |
| Meesterwerk | Шедевр |
| Pen | Ручка |
| Perspectief | Перспектива |
| Portret | Портрет |
| Potlood | Олівець |
| Samenstelling | Склад |
| Stencil | Трафарет |
| Vernis | Лак |
| Was | Віск |

## Beroepen #1
### Професії #1

| | |
|---|---|
| Advocaat | Адвокат |
| Ambassadeur | Посол |
| Apotheker | Фармацевт |
| Astronoom | Астроном |
| Atleet | Спортсмен |
| Bankier | Банкір |
| Cartograaf | Картограф |
| Danser | Танцюрист |
| Dierenarts | Ветеринар |
| Dokter | Лікар |
| Editor | Редактор |
| Geoloog | Геолог |
| Jager | Мисливець |
| Juwelier | Ювелір |
| Loodgieter | Сантехнік |
| Muzikant | Музикант |
| Pianist | Піаніст |
| Psycholoog | Психолог |
| Verpleegster | Медсестра |
| Wetenschapper | Вчений |

## Beroepen #2
### Професії #2

| | |
|---|---|
| Arts | Лікар |
| Astronaut | Астронавт |
| Bibliothecaris | Бібліотекар |
| Bioloog | Біолог |
| Boer | Фермер |
| Chirurg | Хірург |
| Detective | Детектив |
| Filosoof | Філософ |
| Fotograaf | Фотограф |
| Illustrator | Ілюстратор |
| Ingenieur | Інженер |
| Journalist | Журналіст |
| Leraar | Вчитель |
| Linguïst | Лінгвіст |
| Onderzoeker | Дослідник |
| Piloot | Пілот |
| Schilder | Художник |
| Tandarts | Стоматолог |
| Tuinman | Садівник |
| Uitvinder | Винахідник |

## Bijen
### Бджола

| | |
|---|---|
| **Bestuiver** | Запильник |
| **Bijenkorf** | Вулик |
| **Bloemen** | Квіти |
| **Bloesem** | Цвіт |
| **Ecosysteem** | Екосистема |
| **Fruit** | Фрукт |
| **Honing** | Мед |
| **Insect** | Комаха |
| **Koningin** | Королева |
| **Planten** | Рослини |
| **Rook** | Дим |
| **Stuifmeel** | Пилок |
| **Tuin** | Сад |
| **Vleugels** | Крила |
| **Voedsel** | Їжа |
| **Voordelig** | Вигідний |
| **Was** | Віск |
| **Zon** | Сонце |
| **Zwerm** | Рій |

## Bijvoeglijke Naamwoorden
### Прикметники #1

| | |
|---|---|
| **Aantrekkelijk** | Привабливий |
| **Actief** | Активний |
| **Ambitieus** | Амбітні |
| **Aromatisch** | Ароматичний |
| **Artistiek** | Художній |
| **Belangrijk** | Важливий |
| **Diep** | Глибокий |
| **Donker** | Темний |
| **Dun** | Тонкий |
| **Eerlijk** | Чесний |
| **Exotisch** | Екзотичні |
| **Identiek** | Ідентичний |
| **Jong** | Молодий |
| **Lang** | Довгий |
| **Langzaam** | Повільний |
| **Modern** | Сучасний |
| **Onschuldig** | Невинний |
| **Perfect** | Ідеальний |
| **Waardevol** | Цінний |
| **Zwaar** | Важкий |

## Bijvoeglijke Naamwoorden
### Прикметники #2

| | |
|---|---|
| **Authentiek** | Справжнім |
| **Begaafd** | Обдарований |
| **Beschrijvend** | Описовий |
| **Creatief** | Творчий |
| **Dramatisch** | Драматичні |
| **Gezond** | Здоровий |
| **Hongerig** | Голодний |
| **Interessant** | Цікавий |
| **Moe** | Втомився |
| **Natuurlijk** | Природний |
| **Nieuw** | Новий |
| **Normaal** | Нормальний |
| **Productief** | Продуктивний |
| **Slaperig** | Сонний |
| **Sterk** | Сильний |
| **Trots** | Гордий |
| **Vers** | Свіжий |
| **Wild** | Дикий |
| **Zout** | Солоний |
| **Zuiver** | Чистий |

## Bloemen
### Квіти

| | |
|---|---|
| **Bloemblad** | Пелюстка |
| **Boeket** | Букет |
| **Gardenia** | Гарденія |
| **Hibiscus** | Гібіскус |
| **Jasmijn** | Жасмин |
| **Klaver** | Конюшина |
| **Lavendel** | Лаванда |
| **Lelie** | Лілія |
| **Lila** | Бузок |
| **Madeliefje** | Ромашка |
| **Magnolia** | Магнолія |
| **Orchidee** | Орхідея |
| **Paardebloem** | Кульбаба |
| **Papaver** | Мак |
| **Pioenroos** | Півонія |
| **Plumeria** | Плюмерія |
| **Roos** | Троянда |
| **Tulp** | Тюльпан |
| **Zonnebloem** | Соняшник |

## Boeken
### Книги

| | |
|---|---|
| **Auteur** | Автор |
| **Avontuur** | Пригода |
| **Bladzijde** | Сторінка |
| **Collectie** | Колекція |
| **Context** | Контекст |
| **Dualiteit** | Подвійність |
| **Episch** | Епопеї |
| **Gedicht** | Вірш |
| **Geschreven** | Написана |
| **Historisch** | Історичний |
| **Humoristisch** | Гумористичний |
| **Karakter** | Характер |
| **Lezer** | Читач |
| **Literair** | Літературний |
| **Poëzie** | Поезія |
| **Relevant** | Відповідні |
| **Roman** | Роман |
| **Tragisch** | Трагічний |
| **Verhaal** | Історія |
| **Verteller** | Оповідач |

## Boerderij #1
### Ферма #1

| | |
|---|---|
| **Bij** | Бджола |
| **Ezel** | Осел |
| **Geit** | Коза |
| **Hek** | Паркан |
| **Hond** | Пес |
| **Honing** | Мед |
| **Hooi** | Сіно |
| **Kalf** | Теля |
| **Kat** | Кішка |
| **Kip** | Курка |
| **Koe** | Корова |
| **Kraai** | Ворона |
| **Kudde** | Зграя |
| **Mest** | Добриво |
| **Paard** | Кінь |
| **Rijst** | Рис |
| **Varken** | Свиня |
| **Veld** | Поле |
| **Water** | Вода |
| **Zaden** | Насіння |

## Boerderij #2
### Ферма #2

| | |
|---|---|
| **Bijenkorf** | Вулик |
| **Boer** | Фермер |
| **Boomgaard** | Фруктовий Сад |
| **Dieren** | Тварин |
| **Eend** | Качка |
| **Fruit** | Фрукт |
| **Gerst** | Ячмінь |
| **Groente** | Овоч |
| **Herder** | Пастух |
| **Irrigatie** | Зрошення |
| **Lam** | Ягня |
| **Lama** | Лама |
| **Maïs** | Кукурудза |
| **Melk** | Молоко |
| **Schaap** | Вівця |
| **Schuur** | Сарай |
| **Tarwe** | Пшениця |
| **Tractor** | Трактор |
| **Weide** | Луг |
| **Windmolen** | Вітряк |

## Boten
### Катери

| | |
|---|---|
| **Anker** | Якір |
| **Bemanning** | Екіпаж |
| **Boei** | Буй |
| **Dok** | Док |
| **Golven** | Хвилі |
| **Jacht** | Яхта |
| **Kajak** | Каяк |
| **Kano** | Каное |
| **Maritiem** | Морський |
| **Mast** | Щогла |
| **Meer** | Озеро |
| **Motor** | Двигун |
| **Nautisch** | Морські |
| **Oceaan** | Океан |
| **Rivier** | Річка |
| **Touw** | Мотузка |
| **Veerboot** | Пором |
| **Vlot** | Пліт |
| **Zee** | Море |
| **Zeilboot** | Вітрильник |

## Camping
### Кемпінг

| | |
|---|---|
| **Avontuur** | Пригода |
| **Berg** | Гора |
| **Bomen** | Дерева |
| **Bos** | Ліс |
| **Brand** | Вогонь |
| **Cabine** | Кабіна |
| **Dieren** | Тварин |
| **Hangmat** | Гамак |
| **Hoed** | Капелюх |
| **Insect** | Комаха |
| **Jacht** | Полювання |
| **Kaart** | Карта |
| **Kano** | Каное |
| **Kompas** | Компас |
| **Lantaarn** | Ліхтар |
| **Maan** | Місяць |
| **Meer** | Озеро |
| **Natuur** | Природа |
| **Tent** | Намет |
| **Touw** | Мотузка |

## Chemie
### Хімія

| | |
|---|---|
| **Alkalisch** | Лужний |
| **Chloor** | Хлор |
| **Elektron** | Електрон |
| **Enzym** | Фермент |
| **Gas** | Газ |
| **Gewicht** | Вага |
| **Ion** | Іон |
| **Katalysator** | Каталізатор |
| **Koolstof** | Вуглець |
| **Metalen** | Метали |
| **Molecuul** | Молекула |
| **Organisch** | Органічний |
| **Reactie** | Реакція |
| **Temperatuur** | Температура |
| **Vloeistof** | Рідина |
| **Warmte** | Тепло |
| **Waterstof** | Водень |
| **Zout** | Сіль |
| **Zuur** | Кислота |
| **Zuurstof** | Кисень |

## Chocolade
### Шоколад

| | |
|---|---|
| **Antioxidant** | Антиоксидант |
| **Bitter** | Гіркий |
| **Cacao** | Какао |
| **Calorieën** | Калорій |
| **Exotisch** | Екзотичні |
| **Favoriet** | Улюблений |
| **Heerlijk** | Смачний |
| **Ingrediënt** | Інгредієнт |
| **Karamel** | Карамель |
| **Kokosnoot** | Кокос |
| **Kwaliteit** | Якість |
| **Pinda'S** | Арахіс |
| **Poeder** | Порошок |
| **Recept** | Рецепт |
| **Smaak** | Аромат |
| **Smaak** | Смак |
| **Snoep** | Цукерки |
| **Suiker** | Цукор |
| **Zoet** | Солодкий |

## Circus
### Цирк

| | |
|---|---|
| **Aap** | Мавпа |
| **Acrobaat** | Акробат |
| **Clown** | Клоун |
| **Dieren** | Тварин |
| **Goochelaar** | Маг |
| **Jongleur** | Жонглер |
| **Kaartje** | Квиток |
| **Kostuum** | Костюм |
| **Laat** | Показати |
| **Leeuw** | Лев |
| **Magie** | Магія |
| **Muziek** | Музика |
| **Olifant** | Слон |
| **Parade** | Парад |
| **Snoep** | Цукерки |
| **Tent** | Намет |
| **Tijger** | Тигр |
| **Toeschouwer** | Глядач |
| **Vermaken** | Розважати |

## Creativiteit
### Творчість

| | |
|---|---|
| **Artistiek** | Художній |
| **Beeld** | Зображення |
| **Dramatisch** | Драматичні |
| **Echtheid** | Автентичність |
| **Emoties** | Емоції |
| **Gevoel** | Відчуття |
| **Gevoelens** | Почуття |
| **Helderheid** | Ясність |
| **Ideeën** | Ідеї |
| **Indruk** | Враження |
| **Inspiratie** | Натхнення |
| **Intensiteit** | Інтенсивність |
| **Intuïtie** | Інтуїція |
| **Spontaan** | Спонтанний |
| **Uitdrukking** | Вираз |
| **Vaardigheid** | Навичка |
| **Verbeelding** | Уява |
| **Visioenen** | Бачення |
| **Vloeibaarheid** | Плинність |

## Dagen en Maanden
### Дні та Місяці

| | |
|---|---|
| **Augustus** | Серпень |
| **Dinsdag** | Вівторок |
| **Donderdag** | Четвер |
| **Februari** | Лютий |
| **Jaar** | Рік |
| **Januari** | Січень |
| **Juli** | Липень |
| **Juni** | Червень |
| **Kalender** | Календар |
| **Maand** | Місяць |
| **Maandag** | Понеділок |
| **Maart** | Березень |
| **November** | Листопад |
| **Oktober** | Жовтень |
| **September** | Вересень |
| **Vrijdag** | П'Ятниця |
| **Week** | Тиждень |
| **Woensdag** | Середа |
| **Zaterdag** | Субота |
| **Zondag** | Неділя |

## Dans
### Танець

| | |
|---|---|
| **Academie** | Академія |
| **Beweging** | Рух |
| **Blij** | Радісний |
| **Choreografie** | Хореографія |
| **Cultureel** | Культурний |
| **Cultuur** | Культура |
| **Emotie** | Емоція |
| **Expressief** | Виразний |
| **Genade** | Благодать |
| **Houding** | Постава |
| **Klassiek** | Класичний |
| **Kunst** | Мистецтво |
| **Lichaam** | Тіло |
| **Muziek** | Музика |
| **Partner** | Партнер |
| **Repetitie** | Репетиція |
| **Ritme** | Ритм |
| **Traditioneel** | Традиційний |
| **Visueel** | Візуальний |

## Diplomatie
### Дипломатія

| | |
|---|---|
| **Adviseur** | Радник |
| **Ambassade** | Посольство |
| **Ambassadeur** | Посол |
| **Buitenlands** | Іноземний |
| **Burgers** | Громадяни |
| **Conflict** | Конфлікт |
| **Diplomatiek** | Дипломатичний |
| **Discussie** | Обговорення |
| **Ethiek** | Етика |
| **Gemeenschap** | Громада |
| **Humanitair** | Гуманітарний |
| **Integriteit** | Цілісність |
| **Oplossing** | Рішення |
| **Politiek** | Політика |
| **Regering** | Уряд |
| **Resolutie** | Резолюція |
| **Samenwerking** | Співпраця |
| **Talen** | Мови |
| **Veiligheid** | Безпека |
| **Verdrag** | Договір |

## Elektriciteit
### Електрика

| | |
|---|---|
| **Accu** | Батарея |
| **Apparatuur** | Обладнання |
| **Draden** | Дроти |
| **Elektricien** | Електрик |
| **Elektrisch** | Електричний |
| **Generator** | Генератор |
| **Hoeveelheid** | Кількість |
| **Kabel** | Кабель |
| **Lamp** | Лампа |
| **Laser** | Лазер |
| **Magneet** | Магніт |
| **Negatief** | Негативний |
| **Netwerk** | Мережа |
| **Objecten** | Об'Єкт |
| **Opslag** | Зберігання |
| **Positief** | Позитивний |
| **Stopcontact** | Розетка |
| **Telefoon** | Телефон |
| **Televisie** | Телебачення |

## Energie
### Енергія

| | |
|---|---|
| **Accu** | Батарея |
| **Benzine** | Бензин |
| **Brandstof** | Паливо |
| **Diesel** | Дизель |
| **Elektrisch** | Електричний |
| **Elektron** | Електрон |
| **Entropie** | Ентропія |
| **Foton** | Фотон |
| **Hernieuwbaar** | Поновлюваних |
| **Industrie** | Промисловості |
| **Koolstof** | Вуглець |
| **Motor** | Двигун |
| **Nucleair** | Ядерний |
| **Omgeving** | Середовище |
| **Stoom** | Пар |
| **Turbine** | Турбіна |
| **Vervuiling** | Забруднення |
| **Warmte** | Тепло |
| **Waterstof** | Водень |
| **Wind** | Вітер |

## Engineering
### Інженерія

| | |
|---|---|
| As | Вісь |
| Berekening | Розрахунок |
| Beweging | Рух |
| Bouw | Будівництво |
| Diagram | Діаграма |
| Diameter | Діаметр |
| Diepte | Глибина |
| Diesel | Дизель |
| Energie | Енергія |
| Hoek | Кут |
| Kracht | Сила |
| Machine | Машина |
| Meting | Вимірювання |
| Motor | Двигун |
| Rotatie | Обертання |
| Stabiliteit | Стабільність |
| Structuur | Структура |
| Vloeistof | Рідина |
| Voortstuwing | Рушій |
| Wrijving | Тертя |

## Eten #1
### Харчування #1

| | |
|---|---|
| Aardbei | Полуниця |
| Abrikoos | Абрикос |
| Basilicum | Василь |
| Citroen | Лимон |
| Gerst | Ячмінь |
| Kaneel | Кориця |
| Knoflook | Часник |
| Melk | Молоко |
| Peer | Груша |
| Pinda | Арахіс |
| Salade | Салат |
| Sap | Сік |
| Soep | Суп |
| Spinazie | Шпинат |
| Suiker | Цукор |
| Tonijn | Тунець |
| Ui | Цибуля |
| Vlees | М'Ясо |
| Wortel | Морква |
| Zout | Сіль |

## Eten #2
### Харчування #2

| | |
|---|---|
| Amandel | Мигдаль |
| Ananas | Ананас |
| Appel | Яблуко |
| Asperge | Спаржа |
| Aubergine | Баклажан |
| Banaan | Банан |
| Broccoli | Броколі |
| Brood | Хліб |
| Druif | Виноград |
| Ei | Яйце |
| Ham | Шинка |
| Kaas | Сир |
| Kip | Курка |
| Kiwi | Ківі |
| Perzik | Персик |
| Rijst | Рис |
| Tarwe | Пшениця |
| Tomaat | Помідор |
| Vis | Риба |
| Yoghurt | Йогурт |

## Familie
### Сімейний

| | |
|---|---|
| Broer | Брат |
| Dochter | Дочка |
| Grootmoeder | Бабуся |
| Jeugd | Дитинство |
| Kind | Дитина |
| Kinderen | Діти |
| Kleinzoon | Онук |
| Man | Чоловік |
| Moeder | Мати |
| Neef | Племінник |
| Nicht | Племінниця |
| Oom | Дядько |
| Opa | Дід |
| Tante | Тітка |
| Tweeling | Близнюки |
| Vader | Батько |
| Vaderlijk | Батьківський |
| Voorouder | Предок |
| Vrouw | Дружина |
| Zus | Сестра |

## Filantropie
### Благодійність

| | |
|---|---|
| Contact | Контакти |
| Doelen | Цілі |
| Eerlijkheid | Чесність |
| Financiën | Фінанси |
| Fondsen | Кошти |
| Gemeenschap | Громада |
| Geschiedenis | Історія |
| Globaal | Глобальний |
| Groepen | Групи |
| Jeugd | Молодь |
| Kinderen | Діти |
| Liefdadigheid | Благодійність |
| Mensen | Люди |
| Mensheid | Людство |
| Missie | Місія |
| Programma'S | Програми |
| Publiek | Громадський |
| Uitdagingen | Проблеми |
| Vrijgevigheid | Щедрість |

## Fruit
### Фрукти

| | |
|---|---|
| Abrikoos | Абрикос |
| Ananas | Ананас |
| Appel | Яблуко |
| Avocado | Авокадо |
| Banaan | Банан |
| Bes | Ягода |
| Citroen | Лимон |
| Druif | Виноград |
| Framboos | Малина |
| Kers | Вишня |
| Kiwi | Ківі |
| Kokosnoot | Кокос |
| Mango | Манго |
| Meloen | Диня |
| Nectarine | Нектарин |
| Oranje | Оранжевий |
| Papaja | Папайя |
| Peer | Груша |
| Perzik | Персик |
| Pruim | Слива |

## Gebouwen
### Будинки

| | |
|---|---|
| **Ambassade** | Посольство |
| **Appartement** | Квартира |
| **Bioscoop** | Кіно |
| **Boerderij** | Ферма |
| **Cabine** | Кабіна |
| **Fabriek** | Фабрика |
| **Hotel** | Готель |
| **Kasteel** | Замок |
| **Laboratorium** | Лабораторія |
| **Museum** | Музей |
| **Observatorium** | Обсерваторія |
| **School** | Школа |
| **Schuur** | Сарай |
| **Stadion** | Стадіон |
| **Supermarkt** | Супермаркет |
| **Tent** | Намет |
| **Theater** | Театр |
| **Toren** | Вежа |
| **Universiteit** | Університет |
| **Ziekenhuis** | Лікарня |

## Geografie
### Географія

| | |
|---|---|
| **Atlas** | Атлас |
| **Berg** | Гора |
| **Breedtegraad** | Широта |
| **Continent** | Континент |
| **Eiland** | Острів |
| **Evenaar** | Екватор |
| **Halfrond** | Півкуля |
| **Hoogte** | Висота |
| **Kaart** | Карта |
| **Land** | Країна |
| **Meridiaan** | Меридіан |
| **Noorden** | Північ |
| **Oceaan** | Океан |
| **Regio** | Регіон |
| **Rivier** | Річка |
| **Stad** | Місто |
| **Wereld** | Світ |
| **Westen** | Захід |
| **Zee** | Море |
| **Zuiden** | Південь |

## Geologie
### Геологія

| | |
|---|---|
| **Aardbeving** | Землетрус |
| **Calcium** | Кальцій |
| **Continent** | Континент |
| **Erosie** | Ерозія |
| **Fossiel** | Викопний |
| **Geiser** | Гейзер |
| **Grot** | Печера |
| **Koraal** | Кораловий |
| **Kristallen** | Кристали |
| **Kwarts** | Кварц |
| **Laag** | Шар |
| **Lava** | Лава |
| **Mineralen** | Мінерали |
| **Plateau** | Плато |
| **Stalactiet** | Сталактит |
| **Steen** | Камінь |
| **Vulkaan** | Вулкан |
| **Zone** | Зона |
| **Zout** | Сіль |
| **Zuur** | Кислота |

## Geometrie
### Геометрія

| | |
|---|---|
| **Berekening** | Розрахунок |
| **Cirkel** | Коло |
| **Curve** | Крива |
| **Diameter** | Діаметр |
| **Dimensie** | Вимір |
| **Driehoek** | Трикутник |
| **Hoek** | Кут |
| **Hoogte** | Висота |
| **Logica** | Логіка |
| **Massa** | Маса |
| **Mediaan** | Медіана |
| **Oppervlak** | Поверхня |
| **Parallel** | Паралельний |
| **Proportie** | Пропорція |
| **Segment** | Сегмент |
| **Symmetrie** | Симетрія |
| **Theorie** | Теорія |
| **Vergelijking** | Рівняння |
| **Verticaal** | Вертикальні |
| **Vierkant** | Площа |

## Getallen
### Числа

| | |
|---|---|
| **Acht** | Вісім |
| **Achttien** | Вісімнадцять |
| **Dertien** | Тринадцять |
| **Drie** | Три |
| **Een** | Один |
| **Negen** | Дев'Ять |
| **Negentien** | Дев'Ятнадцять |
| **Nul** | Нуль |
| **Tien** | Десять |
| **Twaalf** | Дванадцять |
| **Twee** | Два |
| **Twintig** | Двадцять |
| **Veertien** | Чотирнадцять |
| **Vier** | Чотири |
| **Vijf** | П'Ять |
| **Vijftien** | П'Ятнадцять |
| **Zes** | Шість |
| **Zestien** | Шістнадцять |
| **Zeven** | Сім |
| **Zeventien** | Сімнадцять |

## Gezondheid en Welzijn #1
### Оздоровчий та Оздоровчий

| | |
|---|---|
| **Actief** | Активний |
| **Apotheek** | Аптека |
| **Bacteriën** | Бактерії |
| **Behandeling** | Лікування |
| **Breuk** | Перелом |
| **Dokter** | Лікар |
| **Gewoonte** | Звичка |
| **Honger** | Голод |
| **Hoogte** | Висота |
| **Hormonen** | Гормони |
| **Huid** | Шкіра |
| **Kliniek** | Клініка |
| **Letsel** | Травма |
| **Medicijn** | Медицина |
| **Ontspanning** | Розслаблення |
| **Reflex** | Рефлекс |
| **Spieren** | М'Язи |
| **Therapie** | Терапія |
| **Virus** | Вірус |
| **Zenuwen** | Нерви |

## Gezondheid en Welzijn #2
### Оздоровчий та Оздоровчий

| | |
|---|---|
| **Allergie** | Алергія |
| **Anatomie** | Анатомія |
| **Bloed** | Кров |
| **Calorie** | Калорія |
| **Dieet** | Дієта |
| **Energie** | Енергія |
| **Genetica** | Генетика |
| **Gewicht** | Вага |
| **Gezond** | Здоровий |
| **Herstel** | Відновлення |
| **Hygiëne** | Гігієна |
| **Infectie** | Інфекція |
| **Lichaam** | Тіло |
| **Massage** | Масаж |
| **Spijsvertering** | Травлення |
| **Stress** | Стрес |
| **Vitamine** | Вітамін |
| **Voeding** | Харчування |
| **Ziekenhuis** | Лікарня |
| **Ziekte** | Хвороба |

## Groenten
### Овочі

| | |
|---|---|
| **Artisjok** | Артишок |
| **Aubergine** | Баклажан |
| **Broccoli** | Броколі |
| **Erwt** | Горох |
| **Gember** | Імбир |
| **Knoflook** | Часник |
| **Komkommer** | Огірок |
| **Olijf** | Оливка |
| **Paddestoel** | Гриб |
| **Peterselie** | Петрушка |
| **Pompoen** | Гарбуз |
| **Raap** | Ріпа |
| **Radijs** | Редис |
| **Salade** | Салат |
| **Selderij** | Селера |
| **Sjalot** | Шалот |
| **Spinazie** | Шпинат |
| **Tomaat** | Помідор |
| **Ui** | Цибуля |
| **Wortel** | Морква |

## Haartypes
### Типи Волосся

| | |
|---|---|
| **Blond** | Блондин |
| **Bruin** | Коричневий |
| **Dik** | Товстий |
| **Droog** | Сухий |
| **Dun** | Тонкий |
| **Gevlochten** | Плетений |
| **Gezond** | Здоровий |
| **Glad** | Гладкий |
| **Glimmend** | Блискучий |
| **Golvend** | Хвилястий |
| **Grijs** | Сірий |
| **Kaal** | Лисий |
| **Kort** | Короткий |
| **Krullen** | Кучер |
| **Krullend** | Кучерявий |
| **Lang** | Довгий |
| **Wit** | Білий |
| **Zacht** | М'Який |
| **Zilver** | Срібло |
| **Zwart** | Чорний |

## Herbalisme
### Травотравизм

| | |
|---|---|
| **Aromatisch** | Ароматичний |
| **Basilicum** | Василь |
| **Bloem** | Квітка |
| **Culinair** | Кулінарні |
| **Dille** | Кріп |
| **Dragon** | Естрагон |
| **Groen** | Зелений |
| **Ingrediënt** | Інгредієнт |
| **Knoflook** | Часник |
| **Kwaliteit** | Якість |
| **Lavendel** | Лаванда |
| **Marjolein** | Майоран |
| **Oregano** | Орегано |
| **Peterselie** | Петрушка |
| **Rozemarijn** | Розмарин |
| **Saffraan** | Шафран |
| **Smaak** | Аромат |
| **Tijm** | Чебрець |
| **Tuin** | Сад |
| **Venkel** | Фенхель |

## Het Bedrijf
### Компанія

| | |
|---|---|
| **Beslissing** | Рішення |
| **Creatief** | Творчий |
| **Eenheden** | Одиниць |
| **Globaal** | Глобальний |
| **Industrie** | Промисловості |
| **Inkomsten** | Дохід |
| **Innovatief** | Інноваційний |
| **Investering** | Інвестиції |
| **Kwaliteit** | Якість |
| **Mogelijkheid** | Можливість |
| **Presentatie** | Презентація |
| **Product** | Продукт |
| **Professioneel** | Професійний |
| **Reputatie** | Репутація |
| **Risico'S** | Ризики |
| **Trends** | Тенденції |
| **Vooruitgang** | Прогрес |
| **Werkgelegenheid** | Зайнятість |
| **Zaak** | Бізнес |

## Huis
### Будинок

| | |
|---|---|
| **Bezem** | Мітла |
| **Bibliotheek** | Бібліотека |
| **Dak** | Дах |
| **Deur** | Двері |
| **Douche** | Душ |
| **Garage** | Гараж |
| **Haard** | Камін |
| **Hek** | Паркан |
| **Kamer** | Кімната |
| **Kelder** | Підвал |
| **Keuken** | Кухня |
| **Lamp** | Лампа |
| **Meubilair** | Меблі |
| **Muur** | Стіна |
| **Plafond** | Стеля |
| **Schoorsteen** | Димохід |
| **Slaapkamer** | Спальня |
| **Spiegel** | Дзеркало |
| **Tapijt** | Килимок |
| **Tuin** | Сад |

## Huisdieren
### Домашні Тварини

| | |
|---|---|
| **Dierenarts** | Ветеринар |
| **Geit** | Коза |
| **Hagedis** | Ящірка |
| **Hamster** | Хом'Як |
| **Hond** | Пес |
| **Kat** | Кішка |
| **Katje** | Кошеня |
| **Koe** | Корова |
| **Konijn** | Кролик |
| **Kraag** | Комір |
| **Muis** | Миша |
| **Papegaai** | Папуга |
| **Poten** | Лапи |
| **Puppy** | Цуценя |
| **Schildpad** | Черепаха |
| **Staart** | Хвіст |
| **Vis** | Риба |
| **Voedsel** | Їжа |
| **Water** | Вода |

## Installaties
### Рослини

| | |
|---|---|
| **Bamboe** | Бамбук |
| **Bes** | Ягода |
| **Blad** | Лист |
| **Bloem** | Квітка |
| **Boom** | Дерево |
| **Boon** | Квасоля |
| **Bos** | Ліс |
| **Cactus** | Кактус |
| **Flora** | Флора |
| **Gebladerte** | Листя |
| **Gras** | Трава |
| **Klimop** | Плющ |
| **Kruid** | Трав |
| **Mest** | Добриво |
| **Mos** | Мох |
| **Plantkunde** | Ботаніка |
| **Struik** | Кущ |
| **Tuin** | Сад |
| **Vegetatie** | Рослинність |
| **Wortel** | Корінь |

## Jazz
### Джаз

| | |
|---|---|
| **Album** | Альбом |
| **Applaus** | Оплески |
| **Artiest** | Художник |
| **Beroemd** | Відомий |
| **Componist** | Композитор |
| **Concert** | Концерт |
| **Favorieten** | Обраний |
| **Genre** | Жанр |
| **Improvisatie** | Імпровізація |
| **Lied** | Пісня |
| **Muziek** | Музика |
| **Nadruk** | Акцент |
| **Nieuw** | Новий |
| **Orkest** | Оркестр |
| **Oud** | Старий |
| **Ritme** | Ритм |
| **Samenstelling** | Склад |
| **Stijl** | Стиль |
| **Talent** | Талант |
| **Techniek** | Техніка |

## Keuken
### Кухня

| | |
|---|---|
| **Cup** | Чашки |
| **Eetstokjes** | Паличками |
| **Grill** | Гриль |
| **Ketel** | Чайник |
| **Koelkast** | Холодильник |
| **Kom** | Чаша |
| **Kruik** | Глечик |
| **Lepels** | Ложки |
| **Messen** | Ножі |
| **Oven** | Піч |
| **Pot** | Глек |
| **Recept** | Рецепт |
| **Schort** | Фартух |
| **Servet** | Серветка |
| **Specerijen** | Спеції |
| **Spons** | Губка |
| **Voedsel** | Їжа |
| **Vorken** | Вилки |
| **Vriezer** | Морозильник |

## Kleding
### Одяг

| | |
|---|---|
| **Armband** | Браслет |
| **Blouse** | Блузка |
| **Broek** | Штани |
| **Handschoenen** | Рукавички |
| **Hoed** | Капелюх |
| **Jas** | Пальто |
| **Jasje** | Куртка |
| **Jurk** | Плаття |
| **Ketting** | Намисто |
| **Mode** | Мода |
| **Pyjama** | Піжама |
| **Riem** | Пояс |
| **Rok** | Спідниця |
| **Sandalen** | Сандалі |
| **Schoen** | Взуття |
| **Schort** | Фартух |
| **Shirt** | Сорочка |
| **Sjaal** | Шарф |
| **Sokken** | Шкарпетки |
| **Trui** | Светр |

## Kracht en Zwaartekracht
### Сила і Гравітація

| | |
|---|---|
| **Afstand** | Відстань |
| **As** | Вісь |
| **Baan** | Орбіта |
| **Beweging** | Рух |
| **Centrum** | Центр |
| **Druk** | Тиск |
| **Dynamisch** | Динамічний |
| **Eigendommen** | Властивості |
| **Gewicht** | Вага |
| **Impact** | Вплив |
| **Magnetisme** | Магнетизм |
| **Mechanica** | Механіка |
| **Natuurkunde** | Фізика |
| **Ontdekking** | Відкриття |
| **Planeten** | Планет |
| **Snelheid** | Швидкість |
| **Tijd** | Час |
| **Uitbreiding** | Розширення |
| **Universeel** | Універсальний |
| **Wrijving** | Тертя |

## Kunst
### Мистецтво

| | |
|---|---|
| **Beeldhouwwerk** | Скульптура |
| **Complex** | Складний |
| **Creëren** | Творити |
| **Eenvoudig** | Простий |
| **Eerlijk** | Чесний |
| **Geïnspireerd** | Запалений |
| **Humeur** | Настрій |
| **Keramisch** | Керамічні |
| **Onderwerp** | Предмет |
| **Origineel** | Оригінал |
| **Persoonlijk** | Особистий |
| **Poëzie** | Поезія |
| **Samenstelling** | Склад |
| **Schilderijen** | Картини |
| **Surrealisme** | Сюрреалізм |
| **Symbool** | Символ |
| **Uitdrukking** | Вираз |
| **Visueel** | Візуальний |

## Kunstbenodigdheden
### Художні Товари

| | |
|---|---|
| **Acryl** | Акриловий |
| **Aquarellen** | Акварелі |
| **Borstels** | Щітка |
| **Camera** | Камера |
| **Creativiteit** | Творчість |
| **Ezel** | Мольберт |
| **Gom** | Гумка |
| **Ideeën** | Ідеї |
| **Inkt** | Чорнило |
| **Klei** | Глина |
| **Kleuren** | Кольори |
| **Lijm** | Клей |
| **Olie** | Олія |
| **Papier** | Папір |
| **Pastel** | Пастелі |
| **Potloden** | Олівці |
| **Stoel** | Крісло |
| **Tafel** | Таблиця |
| **Verf** | Фарби |
| **Water** | Вода |

## Landen #1
### Країни #1

| | |
|---|---|
| **België** | Бельгія |
| **Brazilië** | Бразилія |
| **Cambodja** | Камбоджа |
| **Canada** | Канада |
| **Chili** | Чилі |
| **Duitsland** | Німеччина |
| **Egypte** | Єгипет |
| **Irak** | Ірак |
| **Israël** | Ізраїль |
| **Italië** | Італія |
| **Letland** | Латвія |
| **Libië** | Лівія |
| **Marokko** | Марокко |
| **Nicaragua** | Нікарагуа |
| **Noorwegen** | Норвегія |
| **Panama** | Панама |
| **Polen** | Польща |
| **Roemenië** | Румунія |
| **Senegal** | Сенегал |
| **Spanje** | Іспанія |

## Landen #2
### Країни #2

| | |
|---|---|
| **Denemarken** | Данія |
| **Ethiopië** | Ефіопія |
| **Frankrijk** | Франція |
| **Griekenland** | Греція |
| **Ierland** | Ірландія |
| **Indonesië** | Індонезія |
| **Japan** | Японія |
| **Kenia** | Кенія |
| **Laos** | Лаос |
| **Libanon** | Ліван |
| **Liberia** | Ліберія |
| **Maleisië** | Малайзія |
| **Mexico** | Мексика |
| **Nepal** | Непал |
| **Nigeria** | Нігерія |
| **Oeganda** | Уганда |
| **Oekraïne** | Україна |
| **Rusland** | Росія |
| **Somalië** | Сомалі |
| **Syrië** | Сирія |

## Landschappen
### Пейзажі

| | |
|---|---|
| **Berg** | Гора |
| **Eiland** | Острів |
| **Geiser** | Гейзер |
| **Gletsjer** | Льодовик |
| **Grot** | Печера |
| **Heuvel** | Пагорб |
| **Ijsberg** | Айсберг |
| **Meer** | Озеро |
| **Moeras** | Болото |
| **Oase** | Оазис |
| **Oceaan** | Океан |
| **Rivier** | Річка |
| **Schiereiland** | Півострів |
| **Strand** | Пляж |
| **Toendra** | Тундра |
| **Vallei** | Долина |
| **Vulkaan** | Вулкан |
| **Waterval** | Водоспад |
| **Woestijn** | Пустеля |
| **Zee** | Море |

## Literatuur
### Література

| | |
|---|---|
| **Analogie** | Аналогія |
| **Analyse** | Аналіз |
| **Anekdote** | Анекдот |
| **Auteur** | Автор |
| **Biografie** | Біографія |
| **Conclusie** | Висновок |
| **Dialoog** | Діалог |
| **Fictie** | Вигадка |
| **Gedicht** | Вірш |
| **Mening** | Думка |
| **Metafoor** | Метафора |
| **Poëtisch** | Поетичний |
| **Rijm** | Рима |
| **Ritme** | Ритм |
| **Roman** | Роман |
| **Stijl** | Стиль |
| **Thema** | Тема |
| **Tragedie** | Трагедія |
| **Vergelijking** | Порівняння |
| **Verteller** | Оповідач |

## Meditatie
### Медитація

| | |
|---|---|
| **Aandacht** | Увага |
| **Aanvaarding** | Прийняття |
| **Ademhaling** | Дихання |
| **Beweging** | Рух |
| **Dankbaarheid** | Подяка |
| **Emoties** | Емоції |
| **Gedachten** | Думки |
| **Geluk** | Щастя |
| **Helderheid** | Ясність |
| **Houding** | Постава |
| **Mededogen** | Співчуття |
| **Mentaal** | Розумовий |
| **Muziek** | Музика |
| **Natuur** | Природа |
| **Observatie** | Спостереження |
| **Perspectief** | Перспектива |
| **Stilte** | Тиша |
| **Vrede** | Мир |
| **Vriendelijkheid** | Доброта |
| **Wakker** | Прокинутися |

## Meer Informatie
### Наукова Фантастика

| | |
|---|---|
| **Bioscoop** | Кіно |
| **Boeken** | Книги |
| **Brand** | Вогонь |
| **Denkbeeldig** | Уявний |
| **Dystopie** | Антиутопія |
| **Explosie** | Вибух |
| **Fantastisch** | Фантастичний |
| **Futuristisch** | Футуристичний |
| **Illusie** | Ілюзія |
| **Klonen** | Клони |
| **Mysterieus** | Таємничий |
| **Orakel** | Оракул |
| **Planeet** | Планета |
| **Realistisch** | Реалістичний |
| **Robots** | Роботи |
| **Scenario** | Сценарій |
| **Sterrenstelsel** | Галактика |
| **Technologie** | Технологія |
| **Utopie** | Утопія |
| **Wereld** | Світ |

## Menselijk Lichaam
### Людське Тіло

| | |
|---|---|
| **Been** | Нога |
| **Bloed** | Кров |
| **Elleboog** | Лікоть |
| **Enkel** | Щиколотки |
| **Hand** | Рука |
| **Hart** | Серце |
| **Hersenen** | Мозок |
| **Hoofd** | Голова |
| **Huid** | Шкіра |
| **Kaak** | Щелепа |
| **Kin** | Підборіддя |
| **Knie** | Коліна |
| **Maag** | Шлунок |
| **Mond** | Рот |
| **Nek** | Шия |
| **Neus** | Ніс |
| **Oor** | Вухо |
| **Schouder** | Плече |
| **Tong** | Язик |
| **Vinger** | Палець |

## Metingen
### Вимірювання

| | |
|---|---|
| **Breedte** | Ширина |
| **Byte** | Байт |
| **Centimeter** | Сантиметр |
| **Decimaal** | Десятковий |
| **Diepte** | Глибина |
| **Gewicht** | Вага |
| **Gram** | Грам |
| **Hoogte** | Висота |
| **Inch** | Дюйм |
| **Kilogram** | Кілограм |
| **Kilometer** | Кілометр |
| **Lengte** | Довжина |
| **Liter** | Літр |
| **Massa** | Маса |
| **Meter** | Метр |
| **Minuut** | Хвилина |
| **Ons** | Унція |
| **Pint** | Пінта |
| **Ton** | Тонна |
| **Volume** | Обсяг |

## Mode
### Мода

| | |
|---|---|
| **Afmetingen** | Вимірювання |
| **Bescheiden** | Скромний |
| **Borduurwerk** | Вишивка |
| **Comfortabel** | Комфортно |
| **Duur** | Дорого |
| **Eenvoudig** | Простий |
| **Elegant** | Елегантний |
| **Kant** | Мереживо |
| **Kleding** | Одяг |
| **Knop** | Кнопки |
| **Modern** | Сучасний |
| **Origineel** | Оригінал |
| **Patroon** | Візерунок |
| **Praktisch** | Практичний |
| **Stijl** | Стиль |
| **Stof** | Тканина |
| **Textuur** | Текстура |
| **Trend** | Тенденція |
| **Winkel** | Бутик |

## Muziek
### Музика

| | |
|---|---|
| **Album** | Альбом |
| **Ballade** | Балада |
| **Harmonie** | Гармонія |
| **Improviseren** | Імпровізувати |
| **Instrument** | Інструмент |
| **Klassiek** | Класичний |
| **Koor** | Хор |
| **Lyrisch** | Ліричний |
| **Melodie** | Мелодія |
| **Microfoon** | Мікрофон |
| **Muzikaal** | Музичний |
| **Muzikant** | Музикант |
| **Opera** | Опера |
| **Opname** | Запис |
| **Poëtisch** | Поетичний |
| **Ritme** | Ритм |
| **Ritmisch** | Ритмічний |
| **Tempo** | Темп |
| **Zanger** | Співак |
| **Zingen** | Співати |

## Muziekinstrumenten
### Музичні Інструменти

| | |
|---|---|
| **Banjo** | Банджо |
| **Cello** | Віолончель |
| **Fagot** | Фагот |
| **Fluit** | Флейта |
| **Gitaar** | Гітара |
| **Gong** | Гонг |
| **Harp** | Арфа |
| **Hobo** | Гобой |
| **Klarinet** | Кларнет |
| **Mandoline** | Мандоліна |
| **Mondharmonica** | Гармоніка |
| **Percussie** | Удар |
| **Piano** | Фортепіано |
| **Saxofoon** | Саксофон |
| **Tamboerijn** | Бубон |
| **Trombone** | Тромбон |
| **Trommel** | Барабан |
| **Trompet** | Труба |
| **Viool** | Скрипка |

## Mythologie
### Міфологія

| | |
|---|---|
| **Archetype** | Архетип |
| **Bliksem** | Блискавка |
| **Creatie** | Створення |
| **Cultuur** | Культура |
| **Donder** | Грім |
| **Doolhof** | Лабіринт |
| **Gedrag** | Поведінка |
| **Held** | Герой |
| **Heldin** | Героїня |
| **Hemel** | Небо |
| **Jaloezie** | Ревнощі |
| **Kracht** | Сила |
| **Krijger** | Воїн |
| **Legende** | Легенда |
| **Monster** | Монстр |
| **Onsterfelijkheid** | Безсмертя |
| **Ramp** | Лихо |
| **Sterfelijk** | Смертний |
| **Wezen** | Істота |
| **Wraak** | Помста |

## Natuur
### Природа

| | |
|---|---|
| **Arctisch** | Арктичний |
| **Bergen** | Гори |
| **Bijen** | Бджіл |
| **Bos** | Ліс |
| **Dieren** | Тварин |
| **Dynamisch** | Динамічний |
| **Erosie** | Ерозія |
| **Gebladerte** | Листя |
| **Gletsjer** | Льодовик |
| **Heiligdom** | Святилище |
| **Klippen** | Скелі |
| **Mist** | Туман |
| **Rivier** | Річка |
| **Schoonheid** | Краса |
| **Schuilplaats** | Притулок |
| **Sereen** | Безтурботний |
| **Tropisch** | Тропічний |
| **Wild** | Дикий |
| **Woestijn** | Пустеля |
| **Wolken** | Хмари |

## Natuurkunde
### Фізика

| | |
|---|---|
| **Atoom** | Атом |
| **Chaos** | Хаос |
| **Chemisch** | Хімічні |
| **Deeltje** | Частинка |
| **Dichtheid** | Щільність |
| **Elektron** | Електрон |
| **Experiment** | Експеримент |
| **Formule** | Формула |
| **Frequentie** | Частота |
| **Gas** | Газ |
| **Magnetisme** | Магнетизм |
| **Massa** | Маса |
| **Mechanica** | Механіка |
| **Molecuul** | Молекула |
| **Motor** | Двигун |
| **Relativiteit** | Відносність |
| **Snelheid** | Швидкість |
| **Universeel** | Універсальний |
| **Versnelling** | Прискорення |
| **Zwaartekracht** | Гравітація |

## Oceaan
### Океан

| | |
|---|---|
| **Aal** | Вугор |
| **Algen** | Водоростей |
| **Boot** | Човен |
| **Dolfijn** | Дельфін |
| **Garnaal** | Креветки |
| **Getijden** | Припливи |
| **Haai** | Акула |
| **Koraal** | Кораловий |
| **Krab** | Краб |
| **Kwal** | Медуза |
| **Octopus** | Восьминіг |
| **Oester** | Устриця |
| **Rif** | Риф |
| **Schildpad** | Черепаха |
| **Spons** | Губка |
| **Storm** | Буря |
| **Tonijn** | Тунець |
| **Vis** | Риба |
| **Walvis** | Кит |
| **Zout** | Сіль |

## Overheid
### Уряду

| | |
|---|---|
| **Burgerschap** | Громадянство |
| **Civiel** | Цивільний |
| **Democratie** | Демократія |
| **Discussie** | Обговорення |
| **Gelijkheid** | Рівність |
| **Gerechtelijk** | Судової |
| **Grondwet** | Конституція |
| **Leider** | Лідер |
| **Monument** | Пам'Ятник |
| **Natie** | Нація |
| **Nationaal** | Національний |
| **Politiek** | Політика |
| **Rechten** | Права |
| **Rustig** | Мирно |
| **Staat** | Стан |
| **Symbool** | Символ |
| **Toespraak** | Мовлення |
| **Vrijheid** | Свобода |
| **Wet** | Закон |
| **Wijk** | Район |

## Psychologie
### Психологія

| | |
|---|---|
| **Afspraak** | Призначення |
| **Beoordeling** | Оцінка |
| **Bewusteloos** | Несвідомий |
| **Cognitie** | Пізнання |
| **Conflict** | Конфлікт |
| **Dromen** | Мрії |
| **Ego** | Его |
| **Emoties** | Емоції |
| **Ervaringen** | Досвід |
| **Gedachten** | Думки |
| **Gedrag** | Поведінка |
| **Gevoel** | Відчуття |
| **Invloed** | Вплив |
| **Jeugd** | Дитинство |
| **Klinisch** | Клінічний |
| **Perceptie** | Сприйняття |
| **Persoonlijkheid** | Особистості |
| **Probleem** | Проблема |
| **Realiteit** | Реальність |
| **Therapie** | Терапія |

## Regenwoud
### Тропічний Ліс

| | |
|---|---|
| **Amfibieën** | Амфібії |
| **Behoud** | Збереження |
| **Botanisch** | Ботанічний |
| **Gemeenschap** | Громада |
| **Inheems** | Корінні |
| **Insecten** | Комах |
| **Jungle** | Джунглі |
| **Klimaat** | Клімат |
| **Mos** | Мох |
| **Natuur** | Природа |
| **Overleving** | Виживання |
| **Respect** | Повага |
| **Restauratie** | Реставрація |
| **Soort** | Вид |
| **Toevlucht** | Притулок |
| **Vogels** | Птах |
| **Waardevol** | Цінний |
| **Wolken** | Хмари |
| **Zoogdieren** | Ссавці |

## Restaurant #1
### Ресторан #1

| | |
|---|---|
| **Allergie** | Алергія |
| **Bord** | Тарілка |
| **Brood** | Хліб |
| **Ingrediënten** | Інгредієнти |
| **Kassier** | Касир |
| **Keuken** | Кухня |
| **Kip** | Курка |
| **Koffie** | Кава |
| **Kom** | Чаша |
| **Menu** | Меню |
| **Mes** | Ніж |
| **Pittig** | Гострий |
| **Reservering** | Бронювання |
| **Saus** | Соус |
| **Serveerster** | Офіціантка |
| **Servet** | Серветка |
| **Toetje** | Десерт |
| **Vlees** | М'Ясо |
| **Voedsel** | Їжа |

## Restaurant #2
### Ресторан #2

| | |
|---|---|
| **Cake** | Торт |
| **Diner** | Вечеря |
| **Drank** | Напій |
| **Eieren** | Яйця |
| **Fruit** | Фрукт |
| **Groente** | Овочі |
| **Heerlijk** | Смачний |
| **Ijs** | Лід |
| **Lepel** | Ложка |
| **Lunch** | Обід |
| **Noedels** | Локшина |
| **Ober** | Офіціант |
| **Salade** | Салат |
| **Soep** | Суп |
| **Specerijen** | Спеції |
| **Stoel** | Крісло |
| **Vis** | Риба |
| **Vork** | Вилка |
| **Water** | Вода |
| **Zout** | Сіль |

## Rijden
### Водіння

| | |
|---|---|
| **Auto** | Автомобіль |
| **Brandstof** | Паливо |
| **Garage** | Гараж |
| **Gas** | Газ |
| **Gevaar** | Небезпека |
| **Kaart** | Карта |
| **Licentie** | Ліцензія |
| **Motor** | Мотор |
| **Motorfiets** | Мотоцикл |
| **Ongeluk** | Аварія |
| **Politie** | Поліція |
| **Remmen** | Гальма |
| **Snelheid** | Швидкість |
| **Straat** | Вулиця |
| **Tunnel** | Тунель |
| **Veiligheid** | Безпека |
| **Verkeer** | Трафік |
| **Voetganger** | Пішохід |
| **Vrachtauto** | Вантажівка |
| **Weg** | Дорога |

## Schoonheid
### Краса

| | |
|---|---|
| **Charme** | Шарм |
| **Cosmetica** | Косметика |
| **Diensten** | Послуги |
| **Elegant** | Елегантний |
| **Elegantie** | Елегантність |
| **Fotogeniek** | Фотогенічний |
| **Genade** | Благодать |
| **Geur** | Аромат |
| **Glad** | Гладкий |
| **Huid** | Шкіра |
| **Kleur** | Колір |
| **Krullen** | Кучер |
| **Lippenstift** | Помада |
| **Mascara** | Туш |
| **Producten** | Продукти |
| **Schaar** | Ножиці |
| **Shampoo** | Шампунь |
| **Spiegel** | Дзеркало |
| **Stilist** | Стиліст |
| **Verzinnen** | Макіяж |

## Specerijen
### Спеції

| | |
|---|---|
| **Anijs** | Аніс |
| **Bitter** | Гіркий |
| **Gember** | Імбир |
| **Kaneel** | Кориця |
| **Kardemom** | Кардамон |
| **Kerrie** | Каррі |
| **Knoflook** | Часник |
| **Komijn** | Кмин |
| **Koriander** | Коріандр |
| **Kruidnagel** | Гвоздика |
| **Kurkuma** | Куркума |
| **Paprika** | Паприка |
| **Peper** | Перець |
| **Saffraan** | Шафран |
| **Smaak** | Аромат |
| **Ui** | Цибуля |
| **Vanille** | Ванілі |
| **Venkel** | Фенхель |
| **Zoet** | Солодкий |
| **Zout** | Сіль |

## Sport
### Спортивний

| | |
|---|---|
| **Atleet** | Спортсмен |
| **Basketbal** | Баскетбол |
| **Beweging** | Рух |
| **Fiets** | Велосипед |
| **Golf** | Гольф |
| **Gymnasium** | Гімназія |
| **Gymnastiek** | Гімнастика |
| **Hockey** | Хокей |
| **Honkbal** | Бейсбол |
| **Kampioenschap** | Чемпіонат |
| **Scheidsrechter** | Суддя |
| **Spel** | Гра |
| **Speler** | Гравець |
| **Stadion** | Стадіон |
| **Team** | Команда |
| **Tennis** | Теніс |
| **Trainer** | Тренер |
| **Winnaar** | Переможець |
| **Zwemmen** | Плавати |

## Stad
### Місто

| | |
|---|---|
| **Apotheek** | Аптека |
| **Bakkerij** | Пекарня |
| **Bank** | Банк |
| **Bibliotheek** | Бібліотека |
| **Bioscoop** | Кіно |
| **Bloemist** | Флорист |
| **Dierentuin** | Зоопарк |
| **Galerij** | Галерея |
| **Hotel** | Готель |
| **Kliniek** | Клініка |
| **Luchthaven** | Аеропорт |
| **Markt** | Ринок |
| **Museum** | Музей |
| **Restaurant** | Ресторан |
| **School** | Школа |
| **Stadion** | Стадіон |
| **Supermarkt** | Супермаркет |
| **Theater** | Театр |
| **Universiteit** | Університет |
| **Winkel** | Магазин |

## Strand
### Пляжний

| | |
|---|---|
| **Blauw** | Синій |
| **Boot** | Човен |
| **Dok** | Док |
| **Eiland** | Острів |
| **Handdoek** | Рушник |
| **Krab** | Краб |
| **Kust** | Узбережжя |
| **Lagune** | Лагуна |
| **Oceaan** | Океан |
| **Paraplu** | Парасолька |
| **Rif** | Риф |
| **Sandalen** | Сандалі |
| **Vakantie** | Відпустка |
| **Zand** | Пісок |
| **Zee** | Море |
| **Zeilboot** | Вітрильник |
| **Zon** | Сонце |
| **Zwemmen** | Плавати |

## Tijd
### Час

| | |
|---|---|
| **Dag** | День |
| **Decennium** | Десятиліття |
| **Eeuw** | Століття |
| **Gisteren** | Вчора |
| **Jaar** | Рік |
| **Jaarlijks** | Щорічний |
| **Kalender** | Календар |
| **Klok** | Годинник |
| **Maand** | Місяць |
| **Middag** | Полудень |
| **Minuut** | Хвилина |
| **Na** | Після |
| **Nacht** | Ніч |
| **Nu** | Зараз |
| **Ochtend** | Ранок |
| **Toekomst** | Майбутнє |
| **Uur** | Година |
| **Vandaag** | Сьогодні |
| **Vroeg** | Ранній |
| **Week** | Тиждень |

## Tuin
### Сад

| | |
|---|---|
| **Bank** | Лава |
| **Bloem** | Квітка |
| **Boom** | Дерево |
| **Boomgaard** | Фруктовий Сад |
| **Garage** | Гараж |
| **Gazon** | Газон |
| **Gras** | Трава |
| **Hangmat** | Гамак |
| **Hark** | Граблі |
| **Hek** | Паркан |
| **Onkruid** | Бур'Янів |
| **Schop** | Лопата |
| **Slang** | Шланг |
| **Struik** | Кущ |
| **Terras** | Тераса |
| **Trampoline** | Батут |
| **Tuin** | Сад |
| **Veranda** | Ганок |
| **Vijver** | Ставок |
| **Wijnstok** | Лоза |

## Tuinieren
### Садівництво

| | |
|---|---|
| **Blad** | Лист |
| **Bloemen** | Квіткові |
| **Bloesem** | Цвіт |
| **Bodem** | Ґрунт |
| **Boeket** | Букет |
| **Boomgaard** | Фруктовий Сад |
| **Botanisch** | Ботанічний |
| **Compost** | Компост |
| **Container** | Контейнер |
| **Eetbaar** | Їстівний |
| **Exotisch** | Екзотичні |
| **Gebladerte** | Листя |
| **Klimaat** | Клімат |
| **Seizoensgebonden** | Сезонний |
| **Slang** | Шланг |
| **Soort** | Вид |
| **Vocht** | Вологі |
| **Vuil** | Бруд |
| **Water** | Вода |
| **Zaden** | Насіння |

## Universum
### Всесвіт

| | |
|---|---|
| **Asteroïde** | Астероїд |
| **Astronomie** | Астрономія |
| **Astronoom** | Астроном |
| **Atmosfeer** | Атмосфера |
| **Baan** | Орбіта |
| **Breedtegraad** | Широта |
| **Dierenriem** | Зодіак |
| **Duisternis** | Темрява |
| **Evenaar** | Екватор |
| **Halfrond** | Півкуля |
| **Hemel** | Небо |
| **Horizon** | Горизонт |
| **Kantelen** | Нахил |
| **Kosmisch** | Космічний |
| **Lengtegraad** | Довгота |
| **Maan** | Місяць |
| **Sterrenstelsel** | Галактика |
| **Telescoop** | Телескоп |
| **Zichtbaar** | Видимий |
| **Zonnewende** | Сонцестояння |

## Vakantie #2
### Відпустка #2

| | |
|---|---|
| **Bestemming** | Призначення |
| **Buitenlander** | Іноземець |
| **Buitenlands** | Іноземний |
| **Eiland** | Острів |
| **Hotel** | Готель |
| **Kaart** | Карта |
| **Kamperen** | Кемпінг |
| **Luchthaven** | Аеропорт |
| **Paspoort** | Паспорт |
| **Reis** | Подорож |
| **Reserveringen** | Бронювання |
| **Restaurant** | Ресторан |
| **Strand** | Пляж |
| **Taxi** | Таксі |
| **Tent** | Намет |
| **Vakantie** | Свято |
| **Vervoer** | Транспорт |
| **Visum** | Віза |
| **Vrije Tijd** | Дозвілля |
| **Zee** | Море |

## Vliegtuigen
### Літаки

| | |
|---|---|
| **Afdaling** | Спуск |
| **Atmosfeer** | Атмосфера |
| **Avontuur** | Пригода |
| **Bemanning** | Екіпаж |
| **Bouw** | Будівництво |
| **Brandstof** | Паливо |
| **Geschiedenis** | Історія |
| **Hemel** | Небо |
| **Hoogte** | Висота |
| **Lanceren** | Запуск |
| **Landen** | Посадка |
| **Lucht** | Повітря |
| **Motor** | Двигун |
| **Ontwerp** | Дизайн |
| **Passagier** | Пасажир |
| **Piloot** | Пілот |
| **Propellers** | Гвинти |
| **Richting** | Напрям |
| **Waterstof** | Водень |
| **Weer** | Погода |

## Voeding
### Харчування

| | |
|---|---|
| **Bitter** | Гіркий |
| **Calorieën** | Калорій |
| **Dieet** | Дієта |
| **Eetbaar** | Їстівний |
| **Eetlust** | Апетит |
| **Eiwitten** | Білки |
| **Evenwichtig** | Збалансований |
| **Fermentatie** | Бродіння |
| **Gewicht** | Вага |
| **Gezond** | Здоровий |
| **Gezondheid** | Здоров'Я |
| **Koolhydraten** | Вуглеводів |
| **Kwaliteit** | Якість |
| **Saus** | Соус |
| **Smaak** | Аромат |
| **Spijsvertering** | Травлення |
| **Toxine** | Токсин |
| **Vitamine** | Вітамін |
| **Vloeistoffen** | Рідини |
| **Voedingsstof** | Поживний |

## Voertuigen
### Автомобілі

| | |
|---|---|
| **Auto** | Автомобіль |
| **Banden** | Шини |
| **Bestelwagen** | Фургон |
| **Boot** | Човен |
| **Bus** | Автобус |
| **Caravan** | Караван |
| **Fiets** | Велосипед |
| **Helikopter** | Вертоліт |
| **Metro** | Метро |
| **Motor** | Двигун |
| **Raket** | Ракета |
| **Scooter** | Скутер |
| **Shuttle** | Човник |
| **Taxi** | Таксі |
| **Tractor** | Трактор |
| **Trein** | Поїзд |
| **Veerboot** | Пором |
| **Vliegtuig** | Літак |
| **Vlot** | Пліт |
| **Vrachtauto** | Вантажівка |

## Vogels
### Птахи

| | |
|---|---|
| **Duif** | Голуб |
| **Eend** | Качка |
| **Ei** | Яйце |
| **Flamingo** | Фламінго |
| **Gans** | Гуска |
| **Kip** | Курка |
| **Koekoek** | Зозуля |
| **Kraai** | Ворона |
| **Meeuw** | Чайка |
| **Mus** | Горобець |
| **Ooievaar** | Лелека |
| **Papegaai** | Папуга |
| **Pauw** | Павич |
| **Pelikaan** | Пелікан |
| **Pinguïn** | Пінгвін |
| **Reiger** | Чапля |
| **Struisvogel** | Страус |
| **Toekan** | Тукан |
| **Uil** | Сова |
| **Zwaan** | Лебідка |

## Vormen
### Форми

| | |
|---|---|
| **Bol** | Сфера |
| **Boog** | Дуга |
| **Cilinder** | Циліндр |
| **Cirkel** | Коло |
| **Curve** | Крива |
| **Driehoek** | Трикутник |
| **Hoek** | Кут |
| **Hyperbool** | Гіпербола |
| **Kant** | Бік |
| **Kegel** | Конус |
| **Kubus** | Куб |
| **Lijn** | Лінія |
| **Ovaal** | Еліпс |
| **Piramide** | Піраміда |
| **Prisma** | Призма |
| **Rechthoek** | Прямокутник |
| **Ronde** | Круглий |
| **Veelhoek** | Багатокутник |
| **Vierkant** | Площа |

## Wandelen
### Походи

| | |
|---|---|
| **Berg** | Гора |
| **Dieren** | Тварин |
| **Gevaren** | Небезпеки |
| **Kaart** | Карта |
| **Kamperen** | Кемпінг |
| **Klimaat** | Клімат |
| **Laarzen** | Чоботи |
| **Moe** | Втомився |
| **Natuur** | Природа |
| **Oriëntatie** | Орієнтація |
| **Parken** | Парки |
| **Stenen** | Камені |
| **Top** | Саміт |
| **Voorbereiding** | Підготовка |
| **Water** | Вода |
| **Weer** | Погода |
| **Wild** | Дикий |
| **Zon** | Сонце |
| **Zwaar** | Важкий |

## Water
### Вода

| | |
|---|---|
| **Douche** | Душ |
| **Drinkbaar** | Питний |
| **Geiser** | Гейзер |
| **Golven** | Хвилі |
| **Ijs** | Лід |
| **Irrigatie** | Зрошення |
| **Kanaal** | Канал |
| **Meer** | Озеро |
| **Moesson** | Мусон |
| **Oceaan** | Океан |
| **Orkaan** | Ураган |
| **Overstroming** | Повінь |
| **Regen** | Дощ |
| **Rivier** | Річка |
| **Sneeuw** | Сніг |
| **Stoom** | Пар |
| **Verdamping** | Випаровування |
| **Vocht** | Вологі |
| **Vochtigheid** | Вологість |
| **Vorst** | Мороз |

## Weersomstandigheden
### Погода

| | |
|---|---|
| **Atmosfeer** | Атмосфера |
| **Bliksem** | Блискавка |
| **Donder** | Грим |
| **Droogte** | Посуха |
| **Hemel** | Небо |
| **Ijs** | Лід |
| **Klimaat** | Клімат |
| **Mist** | Туман |
| **Moesson** | Мусон |
| **Orkaan** | Ураган |
| **Overstroming** | Повінь |
| **Polair** | Полярний |
| **Regenboog** | Веселка |
| **Storm** | Бур |
| **Temperatuur** | Температура |
| **Tornado** | Торнадо |
| **Tropisch** | Тропічний |
| **Vochtig** | Вологий |
| **Wind** | Вітер |
| **Wolk** | Хмара |

## Wetenschap
### Наукова

| | |
|---|---|
| **Atoom** | Атом |
| **Chemisch** | Хімічні |
| **Deeltjes** | Частинки |
| **Evolutie** | Еволюція |
| **Experiment** | Експеримент |
| **Feit** | Факт |
| **Fossiel** | Викопний |
| **Gegevens** | Дані |
| **Hypothese** | Гіпотеза |
| **Klimaat** | Клімат |
| **Laboratorium** | Лабораторія |
| **Methode** | Метод |
| **Mineralen** | Мінерали |
| **Moleculen** | Молекули |
| **Natuur** | Природа |
| **Natuurkunde** | Фізика |
| **Observatie** | Спостереження |
| **Organisme** | Організм |
| **Wetenschapper** | Вчений |
| **Zwaartekracht** | Гравітація |

## Wetenschappelijke Discip
### Наукові Дисципліни

| | |
|---|---|
| **Anatomie** | Анатомія |
| **Archeologie** | Археологія |
| **Astronomie** | Астрономія |
| **Biochemie** | Біохімія |
| **Biologie** | Біологія |
| **Chemie** | Хімія |
| **Ecologie** | Екологія |
| **Fysiologie** | Фізіологія |
| **Geologie** | Геологія |
| **Immunologie** | Імунологія |
| **Mechanica** | Механіка |
| **Meteorologie** | Метеорологія |
| **Mineralogie** | Мінералогія |
| **Neurologie** | Неврологія |
| **Plantkunde** | Ботаніка |
| **Psychologie** | Психологія |
| **Robotica** | Робототехніка |
| **Sociologie** | Соціологія |
| **Thermodynamica** | Термодинаміка |
| **Voeding** | Харчування |

## Wiskunde
### Математика

| | |
|---|---|
| **Bol** | Сфера |
| **Decimaal** | Десятковий |
| **Diameter** | Діаметр |
| **Driehoek** | Трикутник |
| **Exponent** | Показник |
| **Geometrie** | Геометрія |
| **Hoeken** | Кути |
| **Omtrek** | Периметр |
| **Parallel** | Паралельний |
| **Parallellogram** | Паралелограм |
| **Rechthoek** | Прямокутник |
| **Rekenkundig** | Арифметика |
| **Som** | Сума |
| **Straal** | Радіус |
| **Symmetrie** | Симетрія |
| **Veelhoek** | Багатокутник |
| **Vergelijking** | Рівняння |
| **Vierkant** | Площа |
| **Volume** | Обсяг |

## Zakelijk
### Бізнес

| | |
|---|---|
| **Bedrijf** | Компанія |
| **Begroting** | Бюджет |
| **Belastingen** | Податки |
| **Carrière** | Кар'Єр |
| **Economie** | Економіка |
| **Fabriek** | Фабрика |
| **Financiën** | Фінанси |
| **Geld** | Гроші |
| **Inkomen** | Дохід |
| **Investering** | Інвестиції |
| **Kantoor** | Офіс |
| **Korting** | Знижка |
| **Kosten** | Вартість |
| **Transactie** | Транзакція |
| **Valuta** | Валюта |
| **Verkoop** | Продаж |
| **Werkgever** | Роботодавець |
| **Werknemer** | Працівник |
| **Winkel** | Магазин |
| **Winst** | Прибуток |

## Zoogdieren
### Ссавці

| | |
|---|---|
| **Aap** | Мавпа |
| **Bever** | Бобер |
| **Coyote** | Койот |
| **Dolfijn** | Дельфін |
| **Ezel** | Осел |
| **Geit** | Коза |
| **Giraf** | Жираф |
| **Gorilla** | Горила |
| **Hond** | Пес |
| **Kameel** | Верблюд |
| **Kangoeroe** | Кенгуру |
| **Kat** | Кішка |
| **Konijn** | Кролик |
| **Leeuw** | Лев |
| **Olifant** | Слон |
| **Paard** | Кінь |
| **Stier** | Бик |
| **Vos** | Лисиця |
| **Walvis** | Кит |
| **Wolf** | Вовк |

# Gefeliciteerd

**Je hebt het gehaald!**

We hopen dat u net zoveel plezier beleeft aan dit boek als wij aan het maken ervan. We doen ons best om spellen van hoge kwaliteit te maken.
Deze puzzels zijn op een slimme manier ontworpen zodat je actief kunt leren terwijl je plezier hebt!

Vond je ze mooi?

-------

## Een Eenvoudig Verzoek

Onze boeken bestaan dankzij de recensies die zij publiceren.
Kunt u ons helpen door nu een mening achter te laten ?

Hier is een korte link die u naar uw
bestellingen beoordelingspagina.

BestBooksActivity.com/Recensie50

# FINAAL UITDAGING!

## Uitdaging nr. 1

Klaar voor uw bonusspel? We gebruiken ze de hele tijd, maar ze zijn niet zo gemakkelijk te vinden. Hier zijn **Synoniemen!**

Noteer 5 woorden die je ontdekt hebt in elk van de onderstaande puzzels (nr. 21, nr. 36, nr. 76) en probeer voor elk woord 2 synoniemen te vinden.

### Notitie 5 Woorden uit *Puzzle 21*

| Woorden | Synoniem 1 | Synoniem 2 |
|---------|------------|------------|
|         |            |            |
|         |            |            |
|         |            |            |
|         |            |            |
|         |            |            |

### Notitie 5 Woorden uit *Puzzle 36*

| Woorden | Synoniem 1 | Synoniem 2 |
|---------|------------|------------|
|         |            |            |
|         |            |            |
|         |            |            |
|         |            |            |
|         |            |            |

### Notitie 5 Woorden uit *Puzzle 76*

| Woorden | Synoniem 1 | Synoniem 2 |
|---------|------------|------------|
|         |            |            |
|         |            |            |
|         |            |            |
|         |            |            |
|         |            |            |

# Uitdaging nr. 2

Nu je opgewarmd bent, noteer 5 woorden die je ontdekt hebt in elke hieron-
der genoteerde puzzel (nr. 9, nr. 17, nr. 25) en probeer voor elk woord 2
antoniemen te vinden. Hoeveel regels kan je doen in 20 minuten?

### Notitie 5 Woorden uit **Puzzle 9**

| Woorden | Antoniem 1 | Antoniem 2 |
| --- | --- | --- |
|  |  |  |
|  |  |  |
|  |  |  |
|  |  |  |
|  |  |  |

### Notitie 5 Woorden uit **Puzzle 17**

| Woorden | Antoniem 1 | Antoniem 2 |
| --- | --- | --- |
|  |  |  |
|  |  |  |
|  |  |  |
|  |  |  |
|  |  |  |

### Notitie 5 Woorden uit **Puzzle 25**

| Woorden | Antoniem 1 | Antoniem 2 |
| --- | --- | --- |
|  |  |  |
|  |  |  |
|  |  |  |
|  |  |  |
|  |  |  |

# Uitdaging nr. 3

Prachtig, deze finaal uitdaging  is makkelijk voor jou!

Klaar voor de laatste? Kies je 10 favoriete woorden die je in een van de puzzels hebt ontdekt en noteer ze hieronder.

| 1. | 6. |
|---|---|
| 2. | 7. |
| 3. | 8. |
| 4. | 9. |
| 5. | 10. |

De uitdaging is nu om met deze woorden en binnen een maximum van zes zinnen een tekst te schrijven over een persoon, dier of plaats waar je van houdt!

*Tip: U kunt de laatste blanco pagina van dit boek als kladblaadje gebruiken!*

## Je schrijven:

# NOTITIEBOEKJE:

# TOT SNEL!

*Linguas Classics*

**BESTACTIVITYBOOKS.COM/FREEGAMES**